D1924291

SUTTON
VERLAG

Gabriele Betzin-Weinandt

Darmstadt

Eine kleine Stadtgeschichte

Die Autorin

Gabriele Betzin-Weinandt, geboren 1956, studierte Garten- und Landschaftsgestaltung sowie Kunstgeschichte in Berlin und Wien. Dem Studium schlossen sich Arbeitsaufenthalte in Brüssel und Finnland an. Nach langjähriger Arbeit als Landschaftsplanerin absolvierte sie 1999 eine Ausbildung zur Fachzeitschriftenredakteurin in Frankfurt am Main. Seitdem ist Gabriele Betzin-Weinandt in Darmstadt als Autorin und Redakteurin für Kunden- und Fachzeitschriften und in der Öffentlichkeitsarbeit tätig. Sie nahm zudem an der Darmstädter Textwerkstatt im Zentrum Junge Literatur teil.

Die Fotografin

Ursula Muhn, geboren 1938 in Darmstadt, lebte u.a. in Malaysia, Costa Rica, den USA und auf den Kanarischen Inseln. Sie baute das erste freie Farblabor in Darmstadt mit auf und ist seit 13 Jahren Inhaberin des Lichtbildateliers und der fotografischen Werkstatt in der Nieder-Ramstädter Straße. Ursula Muhn unterrichtete Farblehre und Farbfotografie an der Berufsschule. Sie engagiert sich für die Rettung bedrohter Wald- und Freiflächen in Darmstadt.

Impressum

Sutton Verlag GmbH
Hochheimer Straße 59
99094 Erfurt
www.suttonverlag.de
Copyright © Sutton Verlag, 2005
Gestaltung und Herstellung: Markus Drapatz
ISBN 3-89702-870-0

Inhaltsverzeichnis

Für Heinrich

Vorwort

„In der Kette westdeutscher Städte, die mit ihren Domen, ihren Flüssen, ihren Überlieferungen prahlen, hat Darmstadt sein ganz eigenes Gesicht: klar, nobel, nicht sehr phantasievoll, im Grunde konservativ, aber trotzdem von allen neuen Dingen immer wieder erregt und in Bewegung gehalten. Es ist eine Stadt, die zweiflerisch und begeisterungsfähig zugleich ist und die eine seltsame Mischung von Ruhe und Aggressivität besitzt. Das sind die eigentümlichen Spannungen, welche Natur, Bauart und Charakter der Stadt ausmachen, die zwischen Klassizismus und radikaler Experimentierlust ihre wesentlichen Pole hat."

Es war der Schriftsteller und Büchnerpreisträger Kasimir Edschmid, der mit diesen Worten seinen Geburtsort charakterisierte. Und er hat recht: Darmstadt prahlt nicht. Leider, müsste man sagen. Denn es hat vieles, was andere Städte dieser Größe vor Neid erblassen lassen könnte. Wenn sie denn wüssten, was hier alles mehr oder weniger im Verborgenen blüht. Kunst, Musik, Literatur, Wissenschaft und Forschung – jedes Gebiet für sich füllte allein schon mehrere Bücher. Wie eine Spitze des Eisberges ragt die Mathildenhöhe aus allem heraus. Sie ist mit ihrer Jugendstilarchitektur, den Ausstellungsgebäuden und namhaften Instituten das kulturelle Zentrum der Stadt. Doch wer weiß schon, dass Darmstadt mit dem Georg-Büchner-Preis den bedeutendsten deutschen Literaturpreis verleiht, und dass die Deutsche Akademie für Sprache und Dichtung von hier aus wesentlichen Einfluss auf die deutsche Rechtschreibung nimmt? Wie viele Menschen vermuten hier eine 300-jährige Theatertradition oder ein international anerkanntes Engagement für Neue Musik? Wem fällt der Name Darmstadts und seines Weltraum-Kontrollzentrums ein, wenn im Fernsehen über die Flüge von Satelliten und Raketen berichtet wird?

Die Großstadt hält sich vornehm im Hintergrund. Warum? Wer diese Stadt und seine Bewohner verstehen will, sollte einen Blick in ihre Historie werfen. Dabei wird er einem selbstbewussten und gleichzeitig anpassungsfähigen Bürgertum begegnen. Die Geschichte Darmstadts ist in erster Linie die einer Residenzstadt, die politische Selbstbehauptung und Unterordnung gegenüber den Landgrafen zu vereinbaren wusste. Das Schloss, heute fast wie ein Märchenschloss hinter hohen Mauern und dichten Bäumen eine Oase inmitten der hektischen Innenstadt, prägte 600 Jahre lang das Leben in der Stadt. Jahrhunderte lang stand die Mehrheit der Darmstädter im Dienst des

Hofes als Beamte, Diener oder Hoflieferanten. Dieses anheimelnde Biotop war immer eine seltsame Mischung. Gegensätze existieren hier bis heute wie selbstverständlich nebeneinander. Wo sie auftreten, bleibt der Darmstädter moderat. Ob damals bei dem Revolutionär Georg Büchner, bei der friedlichen Absetzung des Großherzogs Ernst Ludwig oder heute angesichts der großen Abteilung mit Filz- und Fettecken des Künstlers Joseph Beuys im Landesmuseum: Sie werden auch von denjenigen akzeptiert, die damit nichts anzufangen wissen.

Kaum eine andere Person der Stadtgeschichte spiegelt die Polarität der Darmstädter Wesensart so deutlich wie Georg Büchner. Er war durch die Erfahrung der Französischen Revolution zum Kritiker der hessischen Machtverhältnisse geworden und hatte mit dem „Hessischen Landboten“ das wahrscheinlich berühmteste Flugblatt der deutschen Revolutionsgeschichte verfasst. Gleichzeitig schrieb er in der friedlich vor sich hindämmernden Residenzstadt Weltliteratur. Büchner wollte den Feudalstaat durch eine Basisrevolution aus den Angeln heben. Doch die Revolution kam nicht zustande, da ihr eben diese Basis fehlte. Blutige Revolutionen waren die Sache der Darmstädter nie, aber Büchners Revolutionsdrama „Dantons Tod“ schauten sie sich gerne auf der Bühne an.

Gleich hinter der Stadt beginnt der Odenwald. Die Darmstädter lieben ihn mit seinen alten Buchen, den schluchtartigen Tälern und dem sich hier hindurchschlängelnden Darmbach. Fast greifbar nah thronen auf Bergkuppen die Burgen Frankenstein, Auerbach und Otzberg. Wie eine besondere Auszeichnung klingt die Bezeichnung „Darmstadt – Tor zum Odenwald“ in den Ohren Einheimischer. Der Grund: Die Hessen sind ein wanderbegeistertes Volk und seit der Steinzeit auch begeisterte Jäger. Aus dem „Tor zum Odenwald“ ist durch das Europäische Weltraum-Kontrollzentrum am Ende des 20. Jahrhunderts das „Tor zum Weltall“ geworden.

Die Geschichte der Residenz- und Hauptstadt ist durch den Sitz der Landgrafen und später der Landesregierung des Volksstaates Hessen gleichzeitig ein Stück Geschichte der Landgrafschaft Hessen-Darmstadt und des heutigen Landes Hessen. Das eine ist mit dem anderen eng verflochten und lässt sich kaum trennen. Dieses Buch geht daher auch auf die Historie der Landgrafschaft Hessen-Darmstadt ein, sieht die Stadt im Rahmen Südhessens und nimmt Bezug auf Orte im Umland.

Ich möchte mich an dieser Stelle herzlich bei denjenigen geschichtsbegeisterten Darmstädtern bedanken, die mein Manuskript kritisch durchgelesen und mir wertvolle Anregungen gegeben haben. Insbesondere gilt mein Dank Peter L. Frey und Werner Wegmann. Ebenso danke ich Ursula Muhn, die die Fotos für dieses Buch beigesteuert hat.

Darmstadt, im Juni 2005
Gabriele Betzin-Weinandt

I. Von den Steinzeitbauern zur mittelalterlichen Residenzstadt

Als vor etwa 4.500 Jahren die Menschen im Darmstädter Raum sesshaft wurden, kamen nicht etwa die Jägersippschaften, die hier durch die Wälder wanderten, auf die Idee, das mühselige und gefährliche Geschäft des Jagens an den Nagel zu hängen und stattdessen in der fruchtbaren Oberrheinebene Getreide und Obst anzubauen, Auerochsen und Wildschweine zu domestizieren und Viehzucht zu betreiben. Offensichtlich machte ihnen die Jagd zu großen Spaß.

Wie aber kam es zu Ackerbau und Viehzucht in Südhessen? Die Forscher gehen davon aus, dass die Steinzeitbauern aus dem Vorderen Orient über den Balkan nach Mitteleuropa einwanderten. Steinzeitlichen Ackerbau gab es dort nämlich schon 4.000 Jahre früher. Diese Bauernsippen brachten aus dem Südosten auch ihre Haustiere und das Getreide mit, welche ihre Vorfahren dort aus wilden Tieren und Pflanzen gezüchtet hatten. Die Ureinwohner des Vorderen Orients fanden also den Gedanken, das ganze Jahr über in festen Unterkünften zu wohnen, gar nicht so übel. Und sie hatten festgestellt, dass es viel einfacher war, Rinder, Schweine und Schafe so zu domestizieren, dass diese sich brav melken oder schlachten ließen. Der Anbau des Getreides – anfangs vor allem Einkorn, Gerste und Emmer – war allerdings fast so anstrengend wie die Jagd, sodass die Gefahr allzu großer Langeweile sobald noch nicht aufkommen sollte.

Lange Zeit existierten die beiden Lebensformen der Jäger und Bauern in Mitteleuropa nebeneinander. Die bodenunstete Jäger- und Sammlerbevölkerung konnte sich in den bergigen Gebieten halten, die von den bäuerlichen Kulturen gemieden wurden. Die Bauern bevorzugten die fruchtbaren Senkenlandschaften und errichteten ihre Dörfer meist an den Randhängen dieser Senken. Denn dort befanden sich häufig Quellhorizonte, die wichtig für die Wasserversorgung waren. Darmstadts Lage am Übergang von der Oberrheinebene zu den Hängen des Odenwaldes war also geradezu ideal für die Besiedlung im Neolithikum. Zeugen dieser ersten Siedler im Darmstädter Raum um 2.500 vor Chr. sind einige Steinwerkzeuge, die am Fuß der Ludwigshöhe, auf der Rosenhöhe und im heutigen Herrngarten gefunden wurden. In dieser Zeit wurden auch die ersten Keramikgefäße hergestellt, die der Vorratshaltung dienten. Da das Schleppen von schweren

Tongefäßen für die wandernden Jäger sicherlich zu mühselig war, leuchtet es ein, dass die Verarbeitung des Tons zu Keramik eine Technik der sesshaften Bauern gewesen sein muss. Entsprechend den bandartigen Verzierungen auf ihren Gefäßen bezeichnen Archäologen die ersten Siedler in diesem Raum als Bandkeramiker. Reste einer ihrer Siedlungen wurden im 19. Jahrhundert bei Darmstadt-Eberstadt entdeckt.

Nicht nur aus dem Süden kamen landhungrige Einwanderer. Auch aus dem kühlen Norden zog es abenteuerlustige Völkerschaften in den wärmeren Süden. Die vielgestaltige geografische Gliederung des Landes zwischen Hessischem Bergland, Rhön, Odenwald und Oberrhein führte dazu, dass sich das heutige Hessen schon früh zu einem Durchgangsland entwickelte. Die Verkehrswege bündelten sich entlang der west- und osthessischen Senken und in Südhessen entlang der Bergstraße. Hessen wurde zum Land der großen landschaftsbedingten Durchgangsstraßen. Doch mit Ausnahme des Rhein-Main-Gebietes bot es zu wenig Voraussetzungen für die Ausbildung großer wirtschaftlicher Zentren oder Märkte. Darmstadt hatte mit seiner Lage sowohl im Bereich des Rhein-Main-Gebietes als auch an der Bergstraße eine hervorragende Ausgangsposition. Die Voraussetzungen für diesen Flecken Erde, sich schon bald zu einem bedeutenden Markt zu entwickeln, waren also mehr als günstig.

Seit der Jungsteinzeit gab es in Europa Fernstraßen, auf denen die Bauern aus dem Balkan und aus anderen Himmelsrichtungen ihrer neuen Heimat entgegenwanderten. Vor allem aber waren diese Fernstraßen die Lebensadern des Handels. Gefragte Handelsobjekte waren damals Feuerstein, den man für die Herstellung aller Schneidgeräte benötigte, Kochsalz, Perlen, Bernstein, Elfenbein und Keramik. Die Fernstraße am Fuße des Odenwaldes – die so genannte Bergstraße, die heute von Frankfurt über Darmstadt nach Heidelberg führt – war in der Bronze- und Eisenzeit bereits ein wichtiger Fernwanderweg. Den ersten relativen Reichtum in Südhessen verdankte die Bevölkerung nicht etwa dem ertragreichen Getreideanbau, dessen Umfang sie inzwischen um Nacktweizen aus dem französischen Raum, Dinkel, Gerste und Hirse erweitert hatte, sondern dem Standortvorteil der Fernstraßen. Die Bergstraße schuf Verbindungen nach Italien, Skandinavien und Osteuropa. Die Südhessen trieben um 1.500 vor Chr. nachweislich Handel mit den Bewohnern der Nord- und Ostseeküste, Böhmens und Schlesiens.

In der Bronzezeit nahm die Besiedlungsdichte in Südhessen deutlich zu. In Darmstädter Grabhügeln und Urnenfeldgräbern fanden die Archäologen reichlich Keramik, Schmuck und Waffen. Schon in dieser Zeit kam es zu einer ersten Kulturblüte. Damals waren es nicht nur die Bessergestellten, die sich bronzene Kleidernadeln und Ringe leisten konnten und diese den Verwandten mit ins Grab legten. Auch das einfache Volk schien nicht wesentlich schlechter zu leben, wenn auch etwas bescheidener. Ob überhaupt schon einzelne Familien die Herrschaft über Dörfer oder Regionen an sich gerissen hatten und so etwas wie eine Adelsschicht bildeten, ist für diese Zeit noch nicht nachgewiesen.

Es dauerte noch etwa eintausend Jahre, bis sich in Hessen ein Phänomen durchsetzte, das bis heute die Gesellschaftsordnungen weltweit prägt: die Herrschaft eines Fürsten oder anders genannten Herrschers über das so genannte einfache Volk. Den Anfang machten hier die keltischen Fürsten. Die kriegerischen Kelten kamen von sehr weit her und ließen sich irgendwann im Laufe der jüngeren Eisenzeit hier nieder. Über ihren Ursprung streiten sich die Wissenschaftler. Indogermanische Wurzeln und ihre Verbreitung in Mittel-, Süd- und Osteuropa scheinen jedoch sicher. Fest steht, dass es einen keltischen Fürsten gab, dessen Herrschaftsgebiet vermutlich vom Fulda-Werra-Bergland bis zum Neckar, vom Rhein bis zum Thüringer Wald gereicht haben könnte. Das Gebiet des späteren Darmstadt lag mitten in seinem Machtbereich. Die Entdeckung der aufwändigen Grabanlage dieses Keltenfürsten vom Glauberg in der Wetterau – noch mehr jedoch der Fund von vier lebensgroßen Statuen frühkeltischer Kriegerfürsten aus Sandstein bei dieser Grabanlage – sorgte im Jahre 1996 für großes Aufsehen und mediales Interesse. Auch auf Darmstädter Gebiet lebten Keltenkrieger, deren Gräber auf der Rosenhöhe und beim Wasserwerk gefunden wurden.

Einige Tagesmärsche von Darmstadt entfernt, westlich des Rheins, widersetzten sich die gallischen Stämme lange Zeit tapfer den Herrschaftsgelüsten der Römer. Auch wenn die Gallier zwar mutig gewesen sein mögen – erfolgreich waren sie nicht. Caesar unterwarf Gallien, das Land links des Rheins, im Jahr 51 vor Chr., und von diesem Zeitpunkt an bildete der Rhein die offizielle Nordostgrenze des römischen Imperiums. Auf der anderen Seite des Rheins, dem Gebiet des späteren Hessen, lebten jedoch ebenso mutige wie angriffslustige keltische und germanische Volksstämme, die den Römern genauso einheizten wie anfangs die Gallier. Immer wieder setzten die Vorfahren der Hessen über den Rhein und griffen die Römer an. Denn die hatten an den ausgedehnten Grenzen ihres Reiches so viel zu tun, dass sie die militärische Sicherung der Rheingrenze zunächst vernachlässigten. Eigentlich wollten die Imperatoren dort nur ihre Ruhe haben. Nach einer Eroberung der rechtsrheinischen Gebiete stand ihnen nicht der Sinn. Die dort lebenden Germanen schienen ihnen das jedoch nicht zu glauben. Zu weit nach Norden hatte Caesar in den vergangenen Jahrzehnten seine Herrschaft ausgedehnt. Wieso sollte er nicht auch noch Geschmack finden am Land zwischen Rhein und Elbe und vielleicht noch darüber hinaus?

Und so kam es mehr als 200 Jahre lang zu ständigen Scharmützeln und Schlachten mit den „wilden Kriegern", wie der römische Historiker Tacitus um 98 nach Chr. die Germanen beschrieb. Heutige Historiker wissen inzwischen, dass Tacitus mit seiner Furcht einflößenden Beschreibung eine Vielzahl verschiedener Stämme nicht nur der Germanen, sondern auch der Kelten und Berserker undifferenziert zusammengefasst hatte. Obwohl die Römer die Germanen für unberechenbar und unkultiviert hielten, schlossen sie mit ihnen Friedensverträge. Doch selbst Friedensverträge mit diesen „Wilden“ schützten die Römer meist nur kurze Zeit vor erneuten Übergriffen. Im Jahre 7 nach Chr. entschloss sich Rom tatsächlich, das rechtsrheinische Gebiet seinem Imperium als neue Provinz einzuverleiben. Der römische Oberbefehlshaber Publius Quinctilius Varus stieß jedoch bei seinem Versuch, eine Provinzialverwaltung im Vorland der Rheingrenze zu errichten, auf erbitterten Widerstand. Fast alle auf dem Gebiet des späteren Hessen lebenden Stämme schlossen sich zusammen und wählten Hermann den Cherusker zu ihrem Anführer. Und das Unglaubliche geschah tatsächlich: Die keltischen und germanischen Krieger besiegten drei römische Legionen. Etwa 20.000 Römer sollen dabei den Tod gefunden haben. Aufgrund dieser Dimension ging die Schlacht als die Schlacht im Teutoburger Wald in die Geschichtsbücher ein. (Übrigens soll sie gar nicht im Teutoburger Wald stattgefunden haben, sondern bei Kalkriese in der Nähe von Osnabrück.)

Nach dem Schock dieser hohen Verluste zogen sich die Römer für eine Weile hinter den Rhein zurück und leckten ihre Wunden. Doch das römische Imperium wollte sich von den wilden Stämmen nicht in die Knie zwingen lassen. Ein römischer Rachefeldzug Richtung Osten in den Jahren 14 bis 16 wurde wieder zu einem Reinfall. Und immer noch gab Rom sich nicht geschlagen. Zumal die Germanen nicht nur Verteidigungspolitik betrieben: Immer wieder griffen sie die Römer hinter der Rheingrenze an. Dreiundsechzig Jahre nach der so genannten Schlacht im Teutoburger Wald bekamen die Römer wieder die Oberhand am Rhein. Ihr Grenzheer umfasste nun mehr als 40.000 Soldaten. Damit schafften sie es, das von ihnen beherrschte Territorium auf den gesamten Oberrheingraben auszuweiten: Ried, Bergstraße, Wetterau und Rheingau wurden erobert und besetzt. Südhessen gehörte nun zur Provinz Obergermanien.

Unter den Römern kam es zu einer Modernisierung der Landwirtschaft. Das fruchtbare Land wurde neu vermessen und die alten Bauerndörfer verschwanden nach und nach zugunsten von größeren Gutshöfen mit Wirtschaftsgebäuden. Der noch heute verwendete Saatweizen wurde verstärkt angebaut, Hülsenfrüchte wie Erbsen, Bohnen und Linsen gewannen an Bedeutung und wurden die Grundlage der Alltagsgerichte. Neu eingeführt wurden Pfirsich, Süßkirsche und der Weinanbau. Römische Landhäuser wurden auch vor den Toren Darmstadts und in der Nähe des späteren Bessunger Forsthauses errichtet. Der Darmstädter Raum war jedoch nur Durchgangsgebiet zwischen Mainz, wo der römische Statthalter residierte, und dem neuen obergermanischen Verwaltungs- und Handelszentrum in Dieburg.

Da die kriegerischen Germanen hinter den neuen Grenzen weiterhin eine Bedrohung blieben, bauten die Römer am Ende des 1. Jahrhunderts den Limes, die Grenzanlagen Obergermaniens. Doch die hölzernen Palisaden, Gräben und Wälle waren zu simpel, als dass sie die Germanen nicht irgendwann wieder herausgefordert hätten. Die Volksstämme, die den Limes schließlich im Jahr 254 nach Chr. überwanden, nannte man später Alamannen – ein Zusammenschluss unterschiedlicher ostgermanischer Stämme und Gruppierungen mit eigenständigen Häuptlingen. Die zentrale Macht des römischen Reiches war durch Aufstände und Meutereien im eigenen Heer zunehmend geschwächt. Sie übergab den Alamannen die rechtsrheinische Provinz nahezu kampflos. Diese nahmen das gesamte Südhessen bis zur Wetterau in den folgenden Jahrhunderten in Besitz. So gehen auch die beiden Dörfer und späteren Stadtteile von Darmstadt, Arheilgen und Bessungen, auf alemannische Gründungen zurück.

Schon in der Mitte des 3. Jahrhunderts nach Chr. gab es an Rhein und Main einzelne christliche Gemeinden. Sie standen in Konkurrenz zu einer Vielzahl anderer Glaubensrichtungen. So wurden neben den antiken Gottheiten Roms auch die ägyptische Isis und die keltischen Matronen verehrt. Sehr beliebt war auch der Mithras-Kult, eine Sonnenreligion mit einer christlich anmutenden Heilslehre, die ursprünglich aus Persien kam. Ein Mithras-Altar blieb bis heute in Dieburg erhalten. Um 550 wurde das Bistum Mainz gegründet, dessen Einflussbereich weit in das südliche Hessen hineinreichte und dessen Missionare dort die Christianisierung vorantrieben. Südlich des Mains, in der Zentralregion des späteren Landes Hessen-Darmstadt, war bald die Kirche neben dem Kaiser die größte Grundherrin. Beide nutzten ihre Macht, um die Reste der alemannischen Urgesellschaft zu unterdrücken, zu vernichten oder zu „integrieren“, wie man heute sagen würde.

Die Bistümer verleibten sich systematisch Ländereien ein. Zum Teil setzten die Mönche Bauern unter Druck, ihr Land der Kirche zu schenken (gegen „Gotteslohn“, d.h. zum Beispiel den Erlass ihrer Sünden), um es dann gegen ein hohes Pachtgeld zurückzupachten. Das erstarkende Christentum, dessen höchste Ideale doch ursprünglich die Nächstenliebe und die Barmherzigkeit waren, wirkte zunehmend als Stütze der beginnenden feudalistischen Unterdrückung und Ausbeutung. Die Kirchenmänner predigten dem Volk Demut und Hoffnung auf ein besseres Leben nach dem Tod. Es sollte nicht auf den Gedanken kommen, schon zu Lebzeiten ein besseres Leben einzufordern.

Ein wichtiges kirchliches Machtzentrum war neben Mainz auch das im 8. Jahrhundert gegründete Kloster Lorsch. Und da man in den Klöstern das

Der unscheinbare Darmbach (hier sein Verlauf in der Nähe der TU an der Lichtwiese), dessen Quelle im Odenwald liegt, gab Darmstadt vermutlich seinen Namen.

Schrifttum nicht nur in Bibliotheken pflegte, sondern auch die Ausweitung der eigenen Besitztümer penibel urkundlich erfasste, sind es oft diese kirchlichen Urkunden, in denen die Namen deutscher Städte zum ersten Mal in Schriftform auftauchen. Die erste Erwähnung eines Teils des Darmstädter Gebietes, nämlich des Stadtteils Eberstadt, ist in einer Urkunde des Klosters Lorsch aus dem Jahr 782 nachgewiesen. In der zweiten Hälfte des 11. Jahrhunderts tauchte dann in einer nicht genau datierten Urkunde der Name „Darmundestat" zum ersten Mal auf. Dessen Bedeutung liegt im frühmittelalterlichen Dunkel. Der Name könnte auf den am Stadtrand fließenden Darmbach oder auch auf Darimund, einen Wildhüter im kaiserlichen Forst, hinweisen. Die Historiker konnten den Ursprung des Namens noch nicht eindeutig klären.

Der eigentliche „Taufschein" der Stadt Darmstadt wurde dann erst 200 Jahre später mit dem Stadtprivileg ausgestellt: Am 23. Juli 1330 erhielt Graf Wilhelm I. von Katzenelnbogen von Kaiser Ludwig IV., genannt „der Bayer", die Stadtrechte für die kleine Siedlung. Er hatte sich vorher bereits die Lehensrechte gesichert und dort eine bescheidene Wasserburg gebaut. Die mächtigen Grafen von Katzenelnbogen residierten seit 1095 in ihrer Burg Katzenelnbogen südwestlich von Limburg an der Lahn. Die Familie war dank ihrer verwandtschaftlichen Beziehungen zu den Staufern sehr einflussreich. Sie stellte Bischöfe in Osnabrück und Münster und Diplomaten unter Kaiser Barbarossa. Durch erfolgreiche Kleinkriege vergrößerten die von Katzenelnbogen im Laufe der Zeit ständig ihre Besitztümer. Auf diese Weise gelangten sie unter anderem auch an St. Goar und Boppard, wo sie Rheinzölle erhoben und dadurch zu großem Wohlstand gelangten. Die Familie war mit ihrem finanziellen Gespür ziemlich modern, obwohl sie sich seit staufischen Zeiten zur höfischen Ritterkultur zählte. Dieser lagen eigentlich andere Ideale als die der Geldvermehrung zugrunde. Doch kein Geringerer als der berühmte Wandersänger Walther von der Vogelweide hatte ihnen bestätigt, dass „bei denen von Katzenelnbogen“ der „inneren Tugend“ auch das äußere, nämlich großzügige Verhalten entspreche. Allerdings hatte der finanziell nicht gerade üppig ausgestattete Dichter vorher dieser Großzügigkeit ein bisschen nachhelfen müssen: Er hatte ein missgelauntes Mahngedicht an den „Bogenaere“ gerichtet und an dessen „Milte“ appelliert.

Nun wollten die Grafen Katzenelnbogen ihre verstreuten Besitztümer durch eine übergreifende Verwaltungsstruktur verbinden und Darmstadt zu einem Verwaltungs- und Militärmittelpunkt ihrer südhessischen Besitzungen ausbauen. Die Häuser wurden mit einer Stadtmauer eingefriedet. Die Bewohner Darmstadts und einige Bauern der Umgebung begannen Steine zu brechen und zu wehrhaften Mauern aufzuschichten: von der kleinen Wasserburg ostwärts bis zur Obergasse, dann nach Süden abknickend (ein Teil dieses Abschnittes blieb samt dem viereckigen Hinkelsturm bis heute erhalten) über die heutige Schul- und Kirchstraße und weiter nach Nordwesten wieder zur Burg. Eine äußere Zwingmauer mit Graben und Wall ergänzte die Stadtbefestigung, mehrere Rund- und Vierecktürme verstärkten die innere Mauer, halbrunde Bastionen die äußere. Der Weiße Turm am heutigen Ernst-Ludwigs-Platz ist in seinem unteren Teil ein weiterer Rest der alten Stadtbefestigung. Die neuen Stadtrechte erlaubten den Darmstädtern auch, jeden Dienstag Wochenmarkt und im September fünf Tage lang Jahrmarkt abzuhalten.

Doch der Ort und die Burg waren zu diesem Zeitpunkt noch klein und unbedeutend. Als Graf Wilhelm II. von Katzenelnbogen beabsichtigte, Elisabeth von Hanau zu heiraten und sich mit ihr in Darmstadt niederzulassen, trat der Schwiegerpapa in spe, Graf Ulrich von Hanau, auf den Plan. „Mein lieber Wilhelm“, wird er gesagt oder gedacht haben, „bei all dem Reichtum deiner Familie wirst du doch wohl meine Tochter nicht mit diesem Darmstadt abspeisen wollen! Da musst du meinem Täubchen schon etwas Besseres bieten. Und wenn es denn unbedingt Darmstadt sein muss, dann gehe ich davon aus, dass du dieses Haus, das du so großspurig Wasserschloss nennst, zu einem richtigen Schloss ausbauen wirst.“ Kurz und gut, ein Ehevertrag wurde aufgesetzt. Graf Wilhelm verpflichtete sich darin, Burg samt Stadt

Reste der alten Stadtmauer und der Hinkelsturm, ein alter Wehrturm, erinnern an die Einfriedung der ersten Hütten und Häuser rund um das Schloss.

Zwingenberg (die damals wirtschaftlich besser dastand als Darmstadt) der Braut als Witwensitz zu verpfänden, bis der Darmstädter Schlossbau so hergerichtet sei, dass die Gräfin Elisabeth hier „mit Ehre“ wohnen könne.

So wurde die Burg zu einem komfortablen Wohn- und Verwaltungssitz ausgebaut und erhielt eine für damalige Verhältnisse geradezu luxuriöse Beigabe: eine Badestube für die Gräfin. Eine Einrichtung, deren gesundheitliche Notwendigkeit den Menschen damals weitgehend fremd war. Es war dieser allgemein verbreitete Mangel an Hygienebewusstsein, der in den Städten die Grundlage für verheerende Seuchen legte: Vier Generationen später sollte Darmstadt von der Pest heimgesucht werden. Auch die Schlosskapelle entstand in diesen Jahren um 1377. Der Bau der Kapelle war nichts Besonderes: Ob Burgherren oder Stallknechte – wesentlich früher als das Baden hatte die Bevölkerung das Beten gelernt.

Doch zunächst kam es in Hessen zu unzähligen Städtegründungen. Vorerst waren diese Städte nur eine Ansammlung von armseligen Häusern aus Holz und Lehm, die Stroh- oder Schindeldächer hatten. Mit ihren Schmalseiten bildeten sie enge Gassen, in denen der anstehende Erdboden meist staubtrocken bzw. bei Regen schlammig und kaum begehbar, geschweige denn befahrbar war. Abfall und Kot lagen herum, da es weder Kanalisation noch Mülldeponien gab. Von Wasserleitungen oder Straßenbeleuchtung – wie einst in den Städten der Römer üblich – konnten die jetzigen Städter nur träumen. Von solchen Städten hatte Deutschland um das Jahr 1200 etwa zweihundert. Wobei die meisten oft nur 100 oder noch weniger Einwohner zählten. Sogar noch um das Jahr 1500 lebten in fast allen der etwa 2.500 deutschen Reichsstädte noch weniger als 1.000 Menschen. Darmstadt konnte jedoch bereits im Jahr 1362 stolze 1.000 Einwohner vorweisen.

Die Städtegründungen sorgten zunehmend für wirtschaftlichen Aufschwung. Die Städte waren eingestreut in Herrschaftsgebiete einer ganzen Reihe von Grafen und Herren, die sich allmählich vom König oder den Klöstern unabhängig machen wollten. Dazu gehörten neben den von Katzenelnbogen unter anderem die von Solms, Isenburg, Riedesel, Schlitz, Falkenstein, Münzenberg und Erbach. Während Landgraf Hermann II. immer mehr die Funktion eines Landesherren beanspruchte und versuchte, die Selbstständigkeit der Ritter und Grafen einzuschränken, fanden diese, dass es langsam an der Zeit sei, Land, Leute und die Macht in ihren eigenen Besitz zu nehmen. Sie hatten keine Lust mehr, Steuern für die vom Landgrafen kontrollierte Verwaltung zu bezahlen. Viele von ihnen waren wirtschaftlich so erfolgreich, dass sie ein entsprechendes Selbstbewusstsein entwickelten. Was lag also näher, als sich zusammenzutun? Kurzerhand erhoben sich große Teile der hessischen Ritterschaft in so genannten Einungen gegen den Landgrafen und die mächtigen Erzbischöfe von Mainz. Doch den Verbündeten fehlte entweder der Mut, die Überzeugung oder das Glück. Jedenfalls focht das Ganze den Landgrafen nicht an. Er war hartnäckig und rücksichtslos genug, um seinen Besitz zu erhalten und sogar noch zu vermehren. Als es seinem Nachfolger Landgraf Ludwig I. 1427 gelang, das Mainzer Erzstift endgültig als Konkurrenten auszuschalten, waren die

Das Stadtschloss, Mittelpunkt der Residenz, wurde über sieben Jahrhunderte ständig erweitert. Heutzutage präsentieren sich die beiden Flügel des barocken Teiles dem geschäftigen Treiben auf dem Marktplatz.

Grafen und Ritter so beeindruckt und geblendet von dessen Stärke, dass sie schon bald diesen Landgrafen anbiedernd als neuen Lehnsherren wählten. Für die Masse des Volkes spielte es sowieso kaum eine Rolle, dass sich die Privilegierten untereinander und auch mit den Königen häufig stritten und welcher Machthaber gerade das Land für sich beanspruchte.

Die Nähe zur Macht der Burgherren ließ das kleine Städtchen Darmstadt stetig wachsen. Die ummauerte Stadt zwischen dem Arheilger, dem Bessunger und dem so genannten Neuen Tor beschränkte sich sehr lange auf den erst nach und nach ausgebauten Kernbereich der späteren Altstadt. Kaufleute, Handwerker, Militär- und Verwaltungspersonal siedelten sich an, und ein paar Bauern wurden gezwungen, ihre Felder nun von der Stadt aus zu bestellen. „Ackerbürger" hießen diese unechten Städter bis ins 18. Jahrhundert. Die ersten Entwicklungsschritte Darmstadts zu einer städtisch-repräsentativen Residenzstadt waren ab dem 15. Jahrhundert nicht mehr zu übersehen: Im Ortszentrum, am späteren Marktplatz, standen eine Reihe adliger Burgmannenhöfe, das Rathaus und Häuser wohlhabender Bürgerfamilien, die unter Vorsitz des Schultheißen im Schöffenkolleg (später wurde daraus der Rat) saßen. Der Schultheiß war traditionell ein landesherrlicher Beamter, der vom Landgrafen eingesetzt und entlohnt wurde. Er war nicht nur Vertrauensmann des Grafen, sondern sollte gleichzeitig die Gemeinde repräsentieren. Eine Konstellation, die natürlich zu Interessenkollisionen führen musste. Nur sehr bedingt konnte der Schultheiß die Belange der Stadt gegenüber dem Hof vertreten, denn diesem war er ja zur Treue verpflichtet. 1590 empörte sich der Darmstädter Bürger Johann Ort Pfeilsticker öffentlich: „Der Schultheiß gehört nicht zum Rat, wenn Rat gehalten wird. Die Ratsherren sollten ihm die Stiegen weisen!" Pfeilsticker wurde für diese Kritik bestraft – das Strafmaß ist leider nicht überliefert. Dem Widerstand der Herrscher zum Trotz wurde in vielen Städten die Bedeutung des Schultheißen immer mehr auf den Vorsitz des Schöffengerichtes zurückgedrängt. Erst 1821 erhielten die hessischen Städte mit der neuen Gemeindeordnung das längst fällige Selbstverwaltungsrecht, wodurch sie endlich die direkte Einflussnahme des Landesherrn durch seinen Schultheiß abstellen konnten.

Auch die Besetzung der Schöffen bereitete den Darmstädtern im 15. Jahrhundert Verdruss. Immer wieder kam es zu Auseinandersetzungen, weil auch weniger wohlhabende Bürger die zunehmende Machtfülle der städtischen Honoratioren im Schöffenkolleg nicht akzeptieren wollten. Der Bürgermeister, der den Schöffen in anderen Städten zur Seite gestellt wurde, löste dieses Problem nicht. Denn auch dieser Amtsträger wurde aus den Reihen der Schöffen gewählt. Das passte den Darmstädtern überhaupt nicht. Schon früh führten sie deshalb die Ämter von zwei Bürgermeistern ein. Der eine blieb Mitglied der Eliterunde, während der andere aus den

Reihen der Bürger gewählt wurde. Eine selbstbewusste Bürgerschaft hatte einen wichtigen Schritt zu ihrer Gleichberechtigung durchgesetzt. Demokratisch war dieses Vorgehen jedoch noch lange nicht: Die Armen der Stadt gehörten nicht zur Bürgerschaft und hatten kein Wahlrecht. Ihnen wollte man keine politischen Rechte geben, da sie angeblich kein Verständnis und kein Verantwortungsgefühl besäßen.

Das Siegel des Darmstädter Schöffengerichtes enthielt damals den Katzenelnbogener Löwen. Er wurde bis heute im Stadtwappen beibehalten, obwohl bereits 1479 die Zeit der Katzenelnbogener endete. Das Geschlecht erlosch, wie es damals hieß, nachdem die beiden männlichen Erben früh starben. Die Katzenelnbogener Tochter Anna heiratete den Landgrafen Heinrich III. von Hessen, und als ihr Vater starb, fiel ihr gigantisches Vermögen inklusive Darmstadts und der lukrativen Rheinzölle an ihren Ehemann. Durch zusätzliche Gebietserweiterungen gehörte die Landgrafschaft Hessen um das Jahr 1500 erstmals zu den großen Territorien des Deutschen Reiches.

Nicht nur die Bürger der Städte handelten zunehmend selbstbewusster gegenüber ihren Landesherrn, den Rittern und kleinen Landgrafen. Auch die Macht der Fürsten wuchs. Der Ritterstand verlor dagegen auf allen Seiten an politischem Einfluss. Viele Ritter wollten sich damit nicht abfinden und sich niemandem unterordnen. Sie planten im Jahr 1518 – wie schon so oft in den vergangenen Jahrhunderten – einen Angriff gegen die Fürsten. Und welcher Landesfürst war besser geeignet als Gegner für einen geschwächten Adel als ein 13-jähriger Junge ohne jede politische und kriegerische Erfahrung? Mit Philipp I. war ein solches Bürschchen gerade ein paar Monate zuvor vom Kaiser für mündig erklärt worden und schon verantwortlich für die Landgrafschaft Hessen. Der junge Landgraf residierte weit oben im Norden seines Landes in Kassel. Darmstadt hatte mit dem Verschwinden der katzenelnbogenschen Familie seine bisherige Bedeutung als Hauptresidenzstadt verloren und lag nun an der südlichen Peripherie eines für damalige deutsche Verhältnisse sehr großen Landes. Darmstadt war dadurch mehr oder weniger sich selbst überlassen.

Für eine selbstständige Entwicklung der Bürgerschaft konnte der Stadt kaum etwas besseres passieren. Doch gleichzeitig war diese Lage auch brandgefährlich: Durch die weite Entfernung vom Landesherrn und seinen Heeren war man nur unzureichend geschützt. An ein schnelles Eingreifen bei Überfällen war kaum zu denken. Die Stadt lag wie auf dem Präsentierteller, als die Ritter um den kriegslüsternen Franz von Sickingen ein Angriffsziel suchten. Der Schultheiß der Nachbarstadt Griesheim meldete Anfang September 1518, Sickingen sei mit seinem Heer von Metz aus unterwegs nach Osten. Die Stadtväter fürchteten das Schlimmste und sammelten einige tausend Fußknechte und etwa tausend Reiter. In Darmstadt wurde die Hauptmasse der kampfbereiten Männer stationiert. Auch an den Rheinübergängen wurden Kampfabteilungen aufgestellt. Als Franz von Sickingen mit seinen Soldaten jedoch bei Worms den Rhein überquerte, flohen die hessischen Truppen zurück in Richtung Heimat. Sickingen brauchte ihnen nur zu folgen. Am 8. September 1518 nahm er auf seinem Weg die südhessischen Orte Gernsheim, Griesheim, Bessungen, Escholl-brücken, Pfungstadt und Arheilgen ein, plünderte und brannte sie nieder. Doch sein Ziel war Darmstadt, das sich nicht so leicht einnehmen ließ.

Mit 10.000 Mann belagerte von Sickingen die befestigte Stadt. Er ließ Geschütze, so genannte Kartaunen, auffahren. Dieser Übermacht und der Beschießung konnte der in Darmstadt kommandierende Oberamtmann Horneck von Hornberg nicht viel entgegensetzen. Vor allem auch deshalb nicht, weil ein großer Teil der auf seiner Seite kämpfenden Adligen mit Sickingen sympathisierte. Schließlich war der Ritter einer der Ihren. Bald brannte halb Darmstadt und das landgräfliche Hofgut. Die Stadt musste sich geschlagen geben. Sickingen bekam, was er wollte: die Demütigung des Fürsten und sehr viel Geld. Er verlangte 85.000 Gulden für die Rückgabe des Landes an Philipp, dem nichts anderes übrig blieb, als auf den erpresserischen Handel einzugehen. Wer den Schaden hat, braucht für den Spott nicht zu sorgen: „Gebt dem Knaben einen Apfel zum Spielen!", soll Sickingen anschließend gelästert haben. Doch langfristig nützte dieser Erfolg den Rittern nichts. So war der Angriff auf Darmstadt für die deutsche Ritterschaft ein weiterer Pflasterstein auf dem Weg in die endgültige Bedeutungslosigkeit. Fünf Jahre später verbündete sich Philipp von Hessen mit den Fürsten von Trier und der Pfalz, um nach und nach jede der Burgen Sickingens und seiner Anhänger zu zerstören und damit die Unabhängigkeit der Ritterschaft zu beenden.

II. Vom frommen Landesvater zu Kriegen und Hexenverfolgung

Der 13-jährige Philipp wurde zum Herrscher über die Landgrafschaft Hessen, als sich in den deutschen Ländern die alten Ordnungen auflösten und die neuen noch nicht bestanden. Eine nicht gerade einfache Situation für den jungen Regenten. Auf der einen Seite entwickelte sich in Hessen im 16. Jahrhundert ein vorabsolutistischer Staat mit einer modernen Verwaltung und einer bürgerlichen Beamtenschaft, auf der anderen Seite war die Herrschaft im Lande weiterhin von ständig aufflammenden Gebietskämpfen, Verrat und Willkür geprägt. Es sollte sich schnell herausstellen, dass Philipp ein verantwortungsvollerer Herrscher war als sonst allgemein üblich, was ihm später den Beinamen „der Großmütige" einbrachte. Dieser außergewöhnliche Landesvater sollte zum Ahnherrn aller ihm folgenden Regenten im Darmstädter Schloss werden.

Deutschland, das um das Jahr 1500 knapp 14 Millionen Einwohner hatte, war damals zu etwa 85 Prozent Agrarland. Die Bauern, aber auch die städtischen Arbeiter, Dienstboten und Handwerker lebten überwiegend in Armut und hatten Unfreiheit und harte Ausbeutung durch ihre adlige und geistliche Herrschaft zu erdulden. Die Landbevölkerung ebenso wie die breite städtische Unterschicht blieb von Bildung, Kultur und Humanismus ausgeschlossen. Um 1500 war es daher in Süddeutschland zu vereinzelten unkoordinierten Bauernerhebungen gegen die Herrschaft gekommen. Immer wieder wurden sie niedergeschlagen und viele der Aufständischen gefoltert und hingerichtet. Doch der Druck auf die Landbevölkerung war zu unerträglich, als dass sie sich so schnell einschüchtern ließ. 1493 taten sich die Bauern am Oberrhein in dem Geheimbund „Bundschuh" zusammen – benannt nach den einfachen, mit Lederriemen gebundenen Schuhen des Landvolkes. Sie forderten, Zins- und Preiswucher abzuschaffen, die Gesetze gerechter zu machen und die Richter vom Volk wählen zu lassen. Jeder sollte jagen, fischen und sich Holz holen dürfen, wo er wollte. Forderungen, die von den Herrschenden wie eine Gotteslästerung empfunden wurden. Sie deckten die Bundschuh-Verschwörungen immer wieder auf, weil Priester, bei denen die Bauern beichteten, das Beichtgeheimnis brachen und der Obrigkeit die Informationen weitergaben. Immer wieder wurde der Widerstand für kurze Zeit gebrochen, doch an anderen

Die Statue Philipps des Großmütigen wacht in der Hofdurchfahrt des Schlosses. Er ist der Ahnherr aller ihm folgenden Regenten in der Darmstädter Residenz.

Orten entstanden neue Unruheherde. Auch auf viele deutsche Städte von Hamburg bis Regensburg griffen die Revolten über. Nur wenige waren erfolgreich, wie die Aufstände in Köln und Aachen. Irgendwann schien das ganze Aufbegehren sinnlos zu werden. Ohne eine überregionale Organisation und eine übergreifende, zündende Idee, die alle verband, bestand die Gefahr, dass die Revolte im Sande verlaufen würde.

Da wagte 1517 der rebellische Mönch Martin Luther, die feudale Praxis seiner Kirche und den Ablasshandel anzuprangern. Demonstrativ soll er seine berühmten 95 Thesen an die Tür der Wittenberger Schlosskirche angeschlagen haben. Bahn brechend war vor allem Luthers neue Lehre, der Mensch könne allein durch den Glauben zur Seligkeit gelangen. Damit griff er die dubiosen kirchlichen Praktiken der Sündenvergebung, vor allem den Ablasshandel, an. Sein Mut, gegenüber dem Papst und dem Kaiser standhaft zu bleiben, und seine Schriften – insbesondere „Von der Freiheit eines Christenmenschen" – wirkten wie ein Zündfunke. Das Volk jubelte. Endlich war da einer, der die Nöte der Menschen verstand. Und der war sogar selbst ein Mann der Kirche. Die Bauernaufstände bekamen durch Luther ungeheuren Zulauf. Erste Erfolge gaben weiteren Auftrieb: Die Bauern in Südwestdeutschland erhoben sich in Massen und bildeten Heere. Darunter war auch eines der Odenwälder, angeführt von Jäcklein Rohrbach, einem Leibeigenen, und Georg Metzler, einem Gastwirt. Diese Heere eroberten rasch einen Adelssitz nach dem anderen und steckten Klöster in Brand. Als Waffen hatten die Bauern anfangs nur Sensen, Sicheln, Schmiedehämmer, Äxte, Spieße und Morgensterne (mit Stacheln besetzte Eisenkugeln, die an einer Stange befestigt sind). Durch erbeutete Geschütze und Handfeuerwaffen waren sie jedoch bald bestens ausgerüstet.

Doch der Reformator Martin Luther, der die Freiheitsbestrebungen der Bauern zunächst mit seinen Schriften und Predigten unterstützt hatte, bekam jetzt offensichtlich Angst vor seinem Einfluss auf die Revolutionäre. 1525 schlug er sich auf die Seite des Adels. Das war eigentlich kein Wunder, denn er hatte ein Jahr lang auf der Wartburg gelebt, beschützt von seinem adligen Gönner, dem Kurfürsten Friedrich von Sachsen. In seinem Schreiben an Kaiser Karl V. hatte er schon einige Jahre vorher betont, dass seine Kirchenkritik eine Glaubensentscheidung, keine politische Rebellion sei. Als die Bauernkriege eine erfolgreiche Revolution zu werden versprachen, wandte er sich in Reden und Schriften gegen „die räuberischen und mörderischen Rotten der Bauern" und forderte die Obrigkeit auf, nun mit gutem Gewissen dreinzuschlagen und die „treulosen, meineidigen, ungehorsamen, aufrührerischen Mörder, Räuber und Gotteslästerer" zu strafen und zu „erwürgen wie die tollen Hunde". Es war, als hätte Luther dem hoffnungsvollen Anfang einer Bewegung zu mehr Gerechtigkeit in Deutschland den Boden unter den Füßen weggezogen. Diejenigen Fürsten, die bis jetzt abgewartet hatten, fühlten sich ermuntert, gegen Aufständische in ihren Herrschaftsbereichen vorzugehen oder deren Aktionen durch Sicherheitsmaßnahmen zuvorzukommen.

In den Bauernkriegen zeigte der hessische Landgraf Philipp, wie er sich von anderen Landesherren unterschied: Er beteiligte sich nicht an der gnadenlosen Vernichtung der geschlagenen Bauern und verbot seinen Soldaten Plünderungen. Ein Heiliger war er dennoch nicht: Im Mai 1525 unterstützten seine Truppen seine fürstlichen Standesgenossen bei der Niederschlagung der Aufstände in Thüringen. Im Gegensatz zu anderen Fürsten gewährte Landgraf Philipp jedoch einigen flüchtenden Bauernführern Asyl in seinem Land.

Im gleichen Jahr griffen die Aufstände auf das übrige Hessen über. In den Reichsstädten Frankfurt, Friedberg und Wetzlar entfachten die Zünfte, die gut organisierten Verbände der Handwerker, neue Aufstände. Sie richteten sich vor allem gegen die Geistlichen und Klöster. Auch in der Region um Darmstadt entstanden vereinzelt Unruhen. Doch es war zu spät. Luthers Rückzieher zeigte auch hier Konsequenzen: Die Kämpfer wurden verunsichert, die Herrschenden bestärkt. Wo die Aufstände nicht von selbst in sich zusammenfielen, wurden sie endgültig niedergeschlagen. Dies war das Ende der Bauernkriege, die deutschlandweit unter den Aufständischen etwa 100.000 Tote gefordert haben sollen. Nach der Niederwerfung der Bauernerhebungen verlangte Landgraf Philipp von allen hessischen Städten und Gemeinden einen Huldigungsbrief, in dem sie künftigen Gehorsam versprechen mussten. Auch der Stadtrat und die Gemeinde von Darmstadt verpflichteten sich mit der Huldigung vom 11. November 1525, eventuelle Unruhestifter sofort dem Landgrafen oder seinen Beamten anzuzeigen und diese Verpflichtung auch jedem Neubürger aufzuerlegen.

Dem Landgrafen, der sich inzwischen offen zum Protestantismus bekannte, schien aufgefallen zu sein, dass die Bauern nicht nur aus Übermut gegen ihre Landesherren marschiert waren, sondern schwerwiegende Missstände sie dazu veranlasst hatten. Philipp sandte daraufhin Kommissionen durch das Land, die Beschwerden seiner Untertanen aufschreiben und Ungerechtigkeiten gegenüber der Bevölkerung verhindern sollten. Die Darmstädter trugen vergleichsweise harmlose Beschwerden vor. Sie nutzten die Gelegenheit, finanzielle Einbußen zu beklagen: Die Stadt sollte auf Befehl des Oberamtmannes Graf Georg von Königstein die stark beschädigte Stadtmauer auf eigene Kosten ausbessern, obwohl sie traditionell nur für die Instandhaltung der Tore, Brücken und Wachthäuser zuständig war. Die Darmstädter sahen auch nicht ein, weshalb sie jährlich 103 Pfund Heller Pforten- und Wachtgeld an die landgräfliche Verwaltung bezahlen sollten, wenn sie doch den Wachtdienst selbst organisierten. Besonders empört waren sie über ihren adligen Mitbürger Eberhard von Heusenstamm, der sich weigerte, Abgaben zu zahlen. Sein Hof besaß keine Burgmannenfreiheit mehr, denn diese war auf die Lebenszeit des Vorbesitzers begrenzt gewesen. Zum Schluss baten die Darmstädter noch um das Recht, zwei Jahrmärkte und einen Wochenmarkt abhalten zu dürfen. Der Landgraf ging nur auf die beiden letzten Punkte des Beschwerdebriefes ein. Das Privileg, Stadtrechte zu verleihen, war durch die allgemeine Stärkung der landesfürstlichen Macht vom Kaiser auf die Landesfürsten übergegangen, und so gewährte Philipp Darmstadt erneut diese für seine Entwicklung so wichtigen Marktrechte, die dem Ort bereits 1330 mit dem Stadtrecht verliehen worden waren. Sehr zur Freude der Darmstädter wurde der Adelige von Heusenstamm nach langem Hin und Her 1556 verpflichtet, für die Freiheit seines Hofes 100 Gulden zu bezahlen.

Nicht nur der Adel stellte eine Belastung für die ohnehin kargen Einnahmen und Erzeugnisse der Bevölkerung dar. Für viele kleine Handwerker waren auch die Klöster und deren Produktionen eine ernsthafte Konkurrenz. Da kam der Übertritt des Landesherren Philipp zum Protestantismus im Jahr 1524 gerade zum richtigen Zeitpunkt. Denn nun hatte er gleich mehrere Gründe, die Klöster aufzulösen oder unter seine Verwaltung zu stellen. Die Aufhebung der etwa 40 Klöster in Hessen setzte erhebliche Ressourcen frei. Damit verwirklichte Philipp seine vielfältigen Ideen für allgemeine Wohlfahrt und Bildung. Er gründete in den ehemaligen Klöstern Hofheim, Haina, Merxhausen und Gronau Hospitäler. Als erster Regent sorgte er dafür, dass Geisteskranke in Pflegeanstalten und Kranke auf dem Land versorgt wurden und schuf für seine Gesundheitsreform eine solide finanzielle Grundlage. In den Gemeinden wurde nach kursächsischem Vorbild ein „gemeiner Kasten“, eine Art Hilfsfond, eingeführt. Aus dessen Einkünften wurden Kranke und Waisen versorgt und Pfarrer besoldet. Auch die Einnahmen aus den ehemaligen Klostergütern flossen in den „gemeinen Kasten“.

Darmstadt gehörte zu den ersten Orten in Hessen, in denen die neue Lehre der Protestanten eingeführt wurde. Im gleichen Jahr 1526, in dem Philipp der Großmütige auf dem Homberger Landtag die Einführung der lutherischen Reformation beschließen ließ, hatte er den Magister Nikolaus Maurus zum ersten evangelischen Pfarrer in der Darmstädter Stadtkirche bestellen lassen. Auch Bessungen und Arheilgen wurden evangelisch. Nur Eberstadt widersetzte sich der Reformation auf Weisung des Grafen Frankenstein fast zwei Jahrzehnte lang.

Es gilt als sicher, dass Philipp aus persönlicher Überzeugung zum evangelischen Glauben übertrat. Er hatte 1521 auf dem Reichstag in Worms Martin Luther persönlich kennen gelernt und sich von dessen Lehre tief beeindruckt gezeigt. Philipp suchte oft das Gespräch mit den Reformatoren. 1529 organisierte er in Marburg ein Treffen der drei protestantischen

Vordenker Martin Luther, Ulrich Zwingli und Philipp Melanchthon. Diese unterschieden sich in ihren theologischen Deutungen. Philipp war interessiert an einer gemeinsamen Interpretation. Für einen Landesherren seiner Zeit war die Religion, auch wenn er sie ernst nahm, keineswegs nur Privatsache, sondern auch ein politisch-sozialer Faktor. Der Zwist im protestantischen Lager hatte durchaus politische Bedeutung: Bis zu diesem Zeitpunkt verhinderten die unterschiedlichen Sichtweisen ein Bündnis der reformierten Stände gegen den weiterhin den katholischen Glauben unterstützenden Kaiser Karl V. Es gelang dem Landgrafen, zwischen den beiden protestantischen Richtungen zu vermitteln. In 14 Artikeln wurde die neue Glaubensrichtung einvernehmlich formuliert. Auf dem Reichstag in Augsburg 1530 übergaben Philipp und die anderen evangelischen Fürsten dem Kaiser das Augsburger Bekenntnis, bis heute eine der wichtigsten Bekenntnisschriften der lutherischen Kirche.

Es gab einen weiteren Konflikt, den Philipp der Großmütige anders als andere Landesherrn löste. Der Bewegung der so genannten Täufer (auch Wiedertäufer genannt) ging Luthers Lehre nicht weit genug. Die Täufer waren der Ansicht, dass ein wahrer Christ sich aus bewusster Entscheidung zu Christus bekennen solle. Und das könne man nur durch eine Taufe im Erwachsenenalter. Sie lehnten daher die Kindstaufe ab. Die Kirche und vermutlich viele Menschen des Mittelalters wollten die Kindstaufe beibehalten, weil damals sehr viele Säuglinge und Kinder früh starben. Mit der Kindstaufe wollte man ihnen den Weg zu Gott ebnen. Ungetauften Kindern war dieser Weg angeblich verwehrt. Vom katholischen Kaiser und von weniger toleranten reformierten Landesherrn wurden die Täufer als Ketzer mit der Todesstrafe bedroht. Philipp lehnte die Vollstreckung der Strafe ab. Vielmehr ging er das Problem anders an: Er setzte vor allem auf das Gespräch.

Von Worms ausgehend, breiteten sich die Täufer in Hessen aus. Im Jahr 1531 erließ Philipp eine erste Ordnung gegen die Sekte. Darin hieß es, werde ein Wiedertäufer entdeckt, so sei er durch Pfarrer und Beamte fleißig zu befragen. Bekehre er sich, so solle man es dabei belassen. Bekehre er sich nicht, so solle er sein Hab und Gut verkaufen und Hessen verlassen. Schon im gleichen Jahr wurden drei Täufer in Zwingenberg, nahe Darmstadt, gefangen und verhört. Ein Unbeugsamer wurde des Landes verwiesen. Philipp verfügte, dass sein Hab und Gut seiner Frau und seinen Kindern belassen werden sollte, wenn diese nicht mit ihm gingen, sondern „zu der Gemeinde treten und dabei bleiben wollen." Als die Zahl der Täufer ständig zunahm, bat der Landgraf den Straßburger Reformator Martin Bucer um Hilfe. Schließlich gelang es ihm, mit einem Kompromiss den Konflikt zu lösen. In der Ziegenhainer Zuchtordnung von 1539 wurde eine Art zweiter Taufe festgelegt: die Konfirmation. Die heute in ganz Deutschland übliche evangelische Konfirmation geht also auf Philipp von Hessen zurück.

Während der Reformation wurde der Marienaltar in der Stadtkirche entfernt und 1589 durch ein Epitaph von Landgraf Georg I. und seiner Frau Magdalena zur Lippe ersetzt.

Geschickt verband der Landgraf diesen Kompromiss auch gleich mit einer anderen sozialen Neuerung. Der Konfirmationsunterricht wurde für alle Kinder, egal aus welcher Gesellschaftsschicht, angeordnet und in ganz Hessen eingeführt. Im Unterricht lernten die Kinder anhand der Bibel Lesen und Schreiben. Verbindlichen Unterricht für jeden hatte es vorher noch nie gegeben. Und dass das Volk die Bibel selbst lesen und verstehen solle, war eine der revolutionären Forderungen Luthers gewesen. Aus diesem Grunde hatte er die Heilige Schrift aus dem Lateinischen ins Deutsche übersetzt. Um die einfachen Menschen dumm und damit beeinflussbar zu halten, hatte die Kirche die Bibel und den Gottesdienst Jahrhunderte lang in Latein belassen. Philipp der Großmütige gründete darüber hinaus Schulen für besonders begabte Schüler. Er wollte allen seinen Untertanen, egal ob arm oder reich, die Chance geben, zu studieren. Eine Stipendiatenordnung sollte künftig einer wahren „Landplage" des späten Mittelalters entgegenwirken: den mittellosen und daher bettelnden und hausierenden Studenten in den Universitätsstädten. Philipp wollte den Kreis der möglichen Studenten an seiner 1527 von ihm gegründeten Landesuniversität in Marburg (der ersten protestantischen Hochschule Deutschlands) erweitern und bessere Lehrer, Pfarrer und Beamte ausbilden. Auch in Darmstadt wurde später eine allgemeine Stadtschule gegründet. Später kam ein Pädagogium hinzu, das Kenntnisse in lateinischer und griechischer Sprache vermittelte und auf das Studium an der Marburger Universität vorbereitete.

Obwohl der Landgraf in Kassel residierte, wurde Darmstadt häufig als Ort diplomatischer Verhandlungen gewählt. So fand hier 1534 eine Konferenz Philipps mit den Kurfürsten von der Pfalz und Johann III. von Trier statt. 1540 folgten Beratungen des Schmalkaldischen Bundes und 1546 Verhandlungen des Landgrafen mit Pfalzgraf Friedrich II., der hier bei seinen Reisen nach Frankreich Station machte. Vor allem für die süddeutschen Fürsten lag Darmstadt günstiger als Kassel oder Marburg.

In diesen Jahren wuchs das Ansehen und die Macht des hessischen Landgrafen in Deutschland und darüber hinaus. Er war neben seinem Freund Kurfürst Johann Friedrich von Sachsen die führende Figur des Protestantismus unter den deutschen Fürsten. Zusammen mit vier anderen Fürsten und elf Reichsstädten verbündeten sich die beiden 1531 im Schmalkaldischen Bund gegen Kaiser Karl V. Sie bauten das Bündnis immer weiter aus, gewannen auf europäischer Ebene Frankreich hinzu und nahmen Verbindung mit den Schweizer Städten und Kantonen, England, Dänemark und Ungarn auf. Sie suchten sich Verbündete in ganz Europa. Philipp betrieb eine Art Großmachtpolitik. Er strebte eine Allianz mit den norddeutschen Ländern, Venedig und anderen norditalienischen Stadtrepubliken an, die schon lange mit den Habsburgern und dem Papst in Rom verfeindet waren. Diese europäische Achse des Widerstandes von der Nordsee bis zum Mittelmeer kam jedoch nicht zustande.

Während dieser Zeit herrschten im Deutschen Reich komplizierte Machtverhältnisse. Kaiser Karl V. aus dem Hause Habsburg herrschte über ein Reich, von dem man sagte, dass „in ihm nie die Sonne untergehe". Außerhalb Deutschlands gehörten dazu die Niederlande, Burgund, Kastilien, Aragon, Navarra, Granada, Neapel, Sizilien, Sardinien, die spanischen Ländereien in Amerika und die der Habsburger in Österreich. Karl bekämpfte das protestantische Bündnis zunächst nur verbal. Doch es war nur eine Frage der Zeit, wann er mit kriegerischen Mitteln losschlagen würde.

Da passierte etwas Einmaliges. So fromm und geistreich Philipp gewesen sein mag, hatte er doch gleichzeitig ein erhebliches Problem mit seinem Liebesleben. Von zeitgenössischen ebenso wie von späteren Protestanten wäre seine Existenz nur zu gerne unter den Teppich gekehrt worden, hätte er nicht die weitere Verbreitung des evangelischen Glaubens entscheidend beeinflusst. Noch 1967 konnte man anlässlich des 400. Todestages Philipps in einer evangelischen Kirchenzeitschrift folgendes lesen: „Philipp von Hessen war das fürstliche Sorgenkind der Reformation. Ein enfant terrible:

politisch fraglos hochbegabt, früh zum evangelischen Glauben übergetreten, aber ein Sklave seiner Sinnlichkeit. [...] Seriöse Lutheraner haben immer mit einem leisen Seufzen zur Seite geblickt, wenn sie sich über ihn äußern sollten." Was hatte Philipp so Schreckliches getan? Er hatte sich nach einem ausschweifenden Sexualleben mit wechselnden Partnerinnen (das ihm die Geschlechtskrankheit Syphilis und die Legende über eine angebliche Anomalie von drei Hoden einbrachte) in das 17-jährige Hoffräulein Margarete von der Saale verliebt und ließ, obwohl bereits verheiratet, diese Liebe durch eine zweite Heirat legalisieren. Immerhin soll seine langjährige Gattin Christine von Sachsen damit einverstanden gewesen sein. Wenn Philipp wirklich ein kaum zu befriedigendes Sexbedürfnis hatte, wird sie über diese Lösung vielleicht sogar froh gewesen sein, denn sie hatte ihm bereits sieben Kinder geboren.

Die Doppelehe wurde zum Skandal des Jahrhunderts. Auf Bigamie stand die Todesstrafe. Und als Ketzer konnte Philipp nicht mit dem Einverständnis des Papstes rechnen. So blieb ihm nichts anderes übrig, als den Kaiser um Gnade zu bitten. Ausgerechnet seinen Erzfeind! Dieser war schlau genug, Bedingungen zu stellen. Ein geköpfter Philipp hätte ihm weit weniger genützt als ein lebender, aber liebestoller. Auf dem Reichstag von Regensburg 1541 gelobte Philipp dem kaiserlichen Hause Habsburg Treue und Verzicht auf alle auswärtigen Bündnisse. Jetzt war der protestantische Schmalkaldische Bund, dem auch Darmstadt angehörte, geschwächt und angreifbar geworden. Wenige Jahre später entschloss sich der Kaiser zum Kampf gegen die protestantischen „Ketzer".

Zwei Tage vor dem Weihnachtsabend 1546 wurde Darmstadt Opfer des Krieges. Mit 400 Mann versuchte die Stadt, sich gegen eine Übermacht von 6.000 Fußknechten und 3.000 Reitern unter dem Befehl des kaiserlichen Feldherrn Maximilian von Büren zur Wehr zu setzen. Die Darmstädter schossen so lange zurück, bis sie keine Munition mehr hatten und bereits viele Häuser in Flammen standen. Die Angreifer drangen durch das Arheilger Tor in die Stadt ein und plünderten sie. Auf Befehl Generals von Büren wurde das landgräfliche Schloss eingeäschert. Die Darmstädter Bürgerschaft wurde gezwungen, den Abzug der Soldateska mit 7.000 Gulden Brandschatzung zu erkaufen. Die Protestanten mussten sich schließlich der militärischen Überlegenheit des Kaisers geschlagen geben: Landgraf Philipp von Hessen ergab sich. Nach mehreren Jahren als Gefangener des Kaisers konnte er erst im September 1552 in sein Land zurückkehren. Der Schmalkaldische Krieg hatte die Stadt stark geschwächt und seine Bevölkerung dezimiert. Im Jahr nach der Niederlage lebten in Darmstadt 176 Bürgerfamilien und 43 Witwen, insgesamt etwa 1.000 Menschen. Doch als 20 Jahre später Philipp der Großmütige starb und Hessen unter seinen vier Söhnen aufteilte, hatte sich die Stadt bereits wieder erholt.

Das Jahr 1567 brachte einen der wichtigsten Einschnitte in der Geschichte Darmstadts, das nun aus seinem Dornröschenschlaf erwachte, den ihm die Regentschaft Philipps aufgenötigt hatte. Dessen jüngster Sohn Georg I. erhielt im Zuge der Erbteilung etwa ein Achtel Hessens: „Georg soll haben die Schlösser, Städte und Ämter Rüsselsheim, Dornberg, Darmstadt, Lichtenberg, Reinheim, Zwingenberg, Auerberg und was mehr in der Obergrafschaft liegt und dazu gehört", hatte Philipp testamentarisch verfügt. Der erst 20-jährige neue Landgraf bezog das Schloss und machte Darmstadt wieder zur Residenz- und Landeshauptstadt. Die Wirtschaft blühte, die Bevölkerung wuchs rasch. Im Jahr von Georgs Regierungsantritt betrug die Einwohnerzahl 1.150. Sie stieg bis 1623 auf über 2.000 an. Gleichzeitig änderte die bisherige Ackerbürgerstadt ihr Gesicht. An die Stelle der alteingesessenen Bauern traten immer mehr die Handwerker. Durch die rege Bautätigkeit an Schloss und Stadt bekamen die Bauleute, die Maurer, Steinmetzen, Zimmerleute und Schreiner besonders großes Gewicht. Die große Nachfrage nach qualifizierten Leuten brachte auch viele Auswärtige in die Stadt. So stammte Peter de Colonia, einer der erfolgreichsten Baumeister mit 19 Gesellen, aus dem schweizerischen Graubünden.

Der Aufstieg zur Residenzstadt brachte auch die erste Wohnungsnot. Fünf Prozent der Bewohnerschaft stand in den 1590er-Jahren im Dienst des Fürsten. Diener, Beamte und andere Hofbedienstete sollten standesgemäß wohnen. Dazu errichtete der Hofbaumeister die noch heute erhaltenen Renaissancewohnhäuser am Ballonplatz, in der Magdalenen- und Alexanderstraße. Die zerstörten Teile des Schlosses wurden wiederhergestellt und wesentlich erweitert. Während der Regentschaft Georgs I. entstanden der Hauptflügel im Stil der Renaissance und das Jagdschloss Kranichstein vor den Toren Darmstadts. Der Sage nach soll ein Baumeister den Schatz, der ihm für die Finanzierung des Schlossbaus anvertraut worden war, vergraben und sich dann aus dem Staub gemacht haben. Doch der Baumeister fand keine Ruhe im Grab und musste jede Nacht zum Darmstädter Schloss zurückkehren, wo er an der Stelle kratzte, wo der Schatz vergraben lag. Während der folgenden zwei Jahrhunderte herrschte zeitweilig eine regelrechte Gespensterhysterie im Schloss, bis schließlich im 18. Jahrhundert – nach mehreren Heimsuchungen durch die polternde „weiße Frau" – Erbprinz Ludwig IX. eine Kommission mit der Aufklärung des Geisterspuks im Darmstädter Schloss beauftragte. Es dürfte wohl eher das beginnende Zeitalter der Aufklärung als diese Kommission gewesen sein, die dem Spuk endgültig ein Ende setzte.

Unter Georgs Regentschaft herrschte Wohlstand in der Stadt am Darmbach. Die zierlichen Renaissancegiebel der Residenz schauten herunter auf ähnliche Giebel an den Häusern des Marktplatzes, die jetzt wie Pilze aus dem Boden schossen. Dem wiedererwachten Selbstbewusstsein der Bürgerschaft entsprechend, baute man auf der Südseite des Platzes ein dreigeschossiges Rathaus. Der Herrngarten hinter dem Schloss wurde anlässlich der Heirat des Landgrafen mit Gräfin Magdalene zur Lippe 1572 neu angelegt und erweitert. Der Garten diente als Zier- und Nutzgarten, war aber in erster Linie für die Vergnügungen der Herrschaft da. Der Landgraf schoss hier am liebsten mit der Armbrust nach der Scheibe. Immerhin ließ er seine Untertanen zu besonderen Anlässen hier auch einmal spazieren gehen und spendierte ihnen einen Umtrunk. Georg veranstaltete Turniere, das adlige Reiterspiel Ringstechen und Mummenschanz. Auch Schauspielaufführungen und die Musik wurden bei Hofe gepflegt. Georg ließ aus Frankfurt ein „claf-cordium", den Vorläufer des Klaviers, beschaffen, es wurde ein Harfenist eingestellt, und Ende des 16. Jahrhunderts entstand allmählich eine Hofkapelle.

Das kulturelle Leben bei Hofe gewann das Interesse der Darmstädter. Sie stellten 1612 im Rathaussaal eine eigene kleine Orgel auf. Nicht nur die Neujahrsfeste der Bürgerschaft wurden jetzt vornehmer. Orgelmusik unterhielt die Gesellschaft, wo vorher wüste Zechgelage das Bild einer Feier bestimmten. An den ersten Schauspielaufführungen der Bürger nahmen auch der Landgraf und die Landgräfin als Zuschauer teil, was für das gute Verhältnis zwischen dem Landesherrn und seiner Residenzstadt spricht.

Wein und Bier sprach der Mensch im Mittelalter gerne zu – was ihm jedoch fehlte, war eine ständige Versorgung mit sauberem Trinkwasser. Auf dem Darmstädter Marktplatz gab es zwar schon früh einen Brunnen, doch Klagen über verunreinigtes Wasser waren damals häufig. Oft musste man Kinder, Gegenstände oder Schweine aus dem Brunnen herausholen, die durch Unachtsamkeit hineingefallen waren. Die Wasserleitungen aus Erlenstämmen verschleimten oder verstopften. Sie wurden dann umständlich mit Hilfe langer Seile wieder durchlässig gemacht. Auch der Abfluss des Schmutzwassers war unhygienisch: Im alten Stadtkern wurde das Abwasser mit Hilfe des Darmbaches aus der Stadt herausgespült. Im 16. Jahrhundert wurden erste einfache Kanäle aus wasserdurchlässigem Bruchsteinmauerwerk angelegt. Das Schmutz- und Regenwasser konnte an vielen Stellen versickern, wo es besser nicht versickert wäre. Die Abfallhaufen, Abortgruben und Wasserabflüsse boten Krankheitskeimen paradiesische Lebensgrundlagen. Typhus und Ruhr erloschen in den Städten fast nie. In den Straßen und Häusern teilten die Menschen Lebensraum und Lebensmittel mit den Hausratten.

In dieser Situation drang eine feindliche Macht von Süden her über die Alpen und Frankreich. Mitte des 14. Jahrhunderts erreichte sie das Rheingebiet. Diese von den Menschen als schlimmster Feind gefürchtete Macht war die Pest. Wer sich angesteckt hatte, starb innerhalb weniger Tage. Die Bevölkerung ganzer Dörfer wurde in kürzester Zeit nahezu

Die Häuser der Alten Vorstadt (hier die Alexanderstraße) wurden im 17.Jahrhundert gebaut und sollten die Wohnraumnot unter den Beamten der Residenz beheben.

ausgelöscht. Die wenigen Überlebenden flohen in andere Orte oder aus den Städten auf das Land, wo sie ebenfalls nicht sicher waren. Über 300 Jahre lang wütete die Pest in wiederkehrenden Wellen in Europa und im Rheingebiet. Im Darmstädter Nachbarort Seeheim bezeugt eine der wenigen erhaltenen Aufzeichnungen über die Pest den Verlauf der Wellen und die Anzahl der Opfer. Am Ende der Epidemie Mitte des 17. Jahrhunderts war ein Viertel der Seeheimer Bevölkerung durch die Pest umgekommen. Männer und Frauen waren mit durchschnittlich 13 Prozent etwa gleich oft betroffen. Die meisten Opfer gab es mit 73 Prozent jedoch unter Kindern und Jugendlichen.

In anderen Orten sah es ähnlich aus: In Mainz zählte man während einer Pestepidemie täglich mehr als 100 Tote, in Limburg zwischen 20 und 30. In Frankfurt begrub man in einem Zeitraum von 72 Tagen 2.000 Menschen. Insgesamt erlagen in Limburg 2.400 Menschen der Pest (bei 8.000 Einwohnern), in Mainz sollen es 6.000 gewesen sein. Darmstadt blieb nicht verschont, wurde aber erst spät – nämlich erstmals 1564 – von der Seuche getroffen. Die Stadt reagierte sofort mit einer Verbesserung des Gesundheitswesens. Pestarzt Scherer, Aderlasser Ulrich Guldenschuck und zwei Krankenpflegerinnen nahmen ihre Tätigkeit auf. Zehn Jahre später wurden im Zuge der angeordneten Maßnahmen gegen die Pest noch ein Bader, ein Wundarzt und vier Pestpfleger eingestellt. Mit dem Dienstantritt des zunächst als Hofapotheker registrierten Johann Kohl verbesserte sich die medizinische Versorgung der Darmstädter weiter. 1582 bis 1587 und 1635 folgten weitere Pestepidemien in Darmstadt. Über 2.200 Menschen starben hier insgesamt an der Seuche. Während des letzten Ausbruchs berichtete der Landgraf an seine Schwester, Städte und Dörfer ständen öde und wüst, außer Darmstadt, doch auch dort wären schon über 100 Häuser leer.

Das Problem war vor allem eines: Man tappte im Dunkeln über die Ursachen der Pest. Die Mediziner und Gelehrten wussten nicht, dass die Flöhe der Hausratten die Erreger auf den Menschen übertrugen. Sie stellten verschiedenste Theorien auf, die fast alle zu unwirksamen Behandlungsmethoden führten. Besonders häufig wurde der Aderlass angewandt, der die Todkranken nur noch mehr schwächte. Erst sehr viel später wurden Pestordnungen erlassen, deren Maßnahmen aus heutiger Sicht sinnvoll erscheinen, weil sie die Ratten dezimierten: Häuser, Höfe, Straßen und Gassen waren zu säubern, auch sonstiger Unrat und Kehrricht sowie Schlachterabfälle waren aus der Stadt zu schaffen. Abwässer durften nicht auf die Straße gegossen werden, sondern waren in den Bach zu schaffen.

Wer in der zweiten Hälfte des 16. Jahrhunderts durch Deutschland reiste, war gut beraten, einen dicken Pelz im Gepäck zu haben. Und zwar zu jeder Jahreszeit. Manche Winter brachten Schneefälle bis in den Juni hinein, und selbst im Sommer fegten kalte Nordwinde über Äcker und Hausdächer. Denn seit etwa 1560 hatte sich das Klima drastisch abgekühlt. Klimaforscher sprechen heute von der „Kleinen Eiszeit". Sie beherrschte und lähmte die Agrargesellschaft Deutschlands fast sieben Jahrzehnte lang. Die geringen Erträge der gebeutelten Landwirtschaft reichten nicht für die seit Jahrhundertbeginn stark angewachsene Bevölkerung. Missernten führten zu Hungersnöten. Die Preise für das Grundnahrungsmittel Getreide stiegen enorm, sobald die Vorräte aufgebraucht waren. Das einfache Volk konnte sie nicht bezahlen und hungerte bis zur Ernte des folgenden Jahres. Wenn dann auch die nächste Ernte zu mager ausfiel, wurde das Elend immer größer. Der Hunger zehrte die Gesundheit der Menschen auf und machte sie krankheitsanfällig. In diesen Jahren wütete die Pest am schlimmsten. In vielen Orten, so auch in Süddeutschland, lagen erfrorene und verhungerte Menschen auf offener Straße. Viehseuchen nahmen den Menschen auch noch ihre Milch- und Fleischlieferanten. Auf der anderen Seite standen die Großbauern, Klöster, Teile des Adels, Händler, Kreditgeber und Spekulanten, die von den hohen Preisen profitierten. Reiche wurden noch reicher, Arme noch ärmer. Die Profiteure schotteten sich ab.

Die Zünfte der Handwerker entstanden. Die Gesetzgebung und Strafjustiz entwickelte absolutistische Tendenzen und setzte sich mit brutaler Härte gegen den immer machtloser werdenden Untertanen durch. Nie vor- oder nachher wurden so viele Menschen so grausam hingerichtet wie in der Zeit von Mitte des 16. bis Mitte des 17. Jahrhunderts.

Das Volk suchte nach einem Sinn in diesem Leid. Doch es wurde nicht nur nach den wirklichen Ursachen gefragt, es wurden Sündenböcke gesucht. Wer hat das Wetter und unser Vieh verhext? Wer ist mit dem Teufel im Bunde, der Missernten und Krankheiten gebracht hat? In Hexenpredigten riefen katholische ebenso wie protestantische Prediger zur Hexenverfolgung auf. Vor nicht allzu langer Zeit hatte die Kirche noch den Aberglauben bekämpft. Doch bald schon bestärkten fanatisierte Kirchenmänner das aufkommende Verfolgungsverlangen des Volkes. Der Dominikaner Heinrich Institoris hatte 1486 ein Handbuch zur Hexenverfolgung, den berüchtigten „Hexenhammer", verfasst. 200 Jahre lang legitimierte dieses Buch die brutale Vorgehensweise gegen verdächtige Frauen. Später gehörten ebenso viele Männer und Kinder zu den Opfern. Ob Arm oder Reich – es konnte jeden treffen, der von einem anderen der Hexerei beschuldigt wurde. Den Ärger oder die Missgunst eines Mitmenschen auf sich zu ziehen, war lebensgefährlich geworden.

„Da sieht der Pöbel die Hexen und Zauberer auf der Schinderkarre zur Richtstätte geführt; oft sind alle Gliedmaßen von den Torturen zerrissen, die Brüste zerfetzt; der einen hängt ein Arm auseinander, einem anderen ist das Knie gebrochen wie dem Schächer am Kreuz; sie können nicht mehr gehen und stehen, denn die Beine sind zerquetscht; werden dann angebunden an den Brandpfahl, heulen und jammern ob aller der erlittenen Martern. Das Volk aber, Vornehm und Gering, Alt und Jung, schaut dem allen zu, spottet, höhnt oftmals und lästert die armseligen Opfer." So oder ähnlich, wie hier von einem Augenzeugen in Ortenau beobachtet, spielten sich die eine Million Hinrichtungen von so genannten Hexen in unzähligen Orten Mitteleuropas ab. Und so könnte es auch in Darmstadt gewesen sein, als Ostern 1582 die ersten acht Frauen auf dem Darmstädter Marktplatz verbrannt wurden. Landgraf Georg berichtet darüber am 25. Juli seinem Bruder Wilhelm in Kassel: Die Frauen hätten sich dem Teufel ergeben, den Teufelstanz am Griesheimer Brunnen getanzt, Unzucht getrieben und Leuten und Vieh Schaden getan.

Im Gegensatz zu seinem Vater Philipp dem Großmütigen, der die Hexenverfolgung abgelehnt hatte, schuf der neue Landesherr strenge Strafbestimmungen gegen das „gräuliche, ungöttliche Laster der Zauberey" und eine rechtliche Grundlage für Folterungen und Hinrichtungen. Er forderte seine Beamten auf, jedem Gerücht nachzugehen und die Verdächtigen – „fast allenthalben unter den Weibspersonen" – zu bestrafen.

In den folgenden acht Jahren wurden weitere 32 Frauen und zwei Kinder in Darmstadt öffentlich verbrannt. Doch Darmstadt gehörte nicht zu den Hochburgen der Hexenverbrennungen wie etwa das benachbarte Erzbistum Mainz mit 1.000 Opfern. In Darmstadt wurden mehrmals Beschuldigte nach den Verhören und der Folter wieder freigelassen. Ein sehr seltenes Vorgehen der Inquisitoren. Margarete Mogen aus Nieder-Ramstadt wurde gefoltert, aber dann nur zum Schwur künftiger Unterlassung der Zauberei gezwungen. Katharina Hielmann sowie Sophia und Katharina Arnold aus Darmstadt wurden nach der Folter ausgewiesen. Sophia soll zurückgekehrt und schließlich sogar rehabilitiert worden sein.

Obwohl schon längst nicht mehr zum so genannten finsteren Mittelalter gehörend, sondern bereits an der Schwelle zur Neuzeit stehend, war die Gesellschaft dieser Zeit nicht nur in „Hexenangelegenheiten" vom Aberglauben geprägt. So regte die Burgruine des Schlosses Frankenstein vor den Toren Darmstadts die Phantasie der Nachbarn zu allerlei Legenden an. Im Keller des Gemäuers hatte der Arzt und Alchemist Johann Konrad Dippel Ende des 17. und Anfang des 18. Jahrhunderts ein Labor unterhalten und versucht, Gold herzustellen. Die Leute erzählten sich, dass er auch mit dem Blut von Jungfrauen aus der Gegend experimentierte und aus Leichenteilen vom Friedhof ein Monster geschaffen hätte, das er im Burgverließ gefangen hielt. Davon erfuhr eine Frau, die Frankenstein später weltberühmt machen sollte. Die englische Autorin Mary Shelley besuchte die Burg im Jahr 1814 und schrieb daraufhin den Roman, der etwa 200 Jahre später Grundlage für den Film „Frankenstein" wurde.

Die Machtambitionen der katholischen und protestantischen Landesfürsten, der Reichsstände und des Kaisers sollten schon bald zum Dreißigjährigen Krieg führen. Der Krieg, der sich 1618 am Aufstand der böhmischen Stände entzündete, berührte Darmstadt zunächst kaum. Böhmen war weit weg. Außerdem nahm der Landgraf zwischen den Kriegsparteien die Position des neutralen Dritten ein. Doch ab 1622 wurde auch die Stadt wie die ganze Obergrafschaft mit in den Krieg hineingerissen. Die Söldnertruppen unter ihrem Anführer Ernst von Mansfeld fielen vom Neckar kommend in die befestigte Stadt ein und plünderten sie. Die Soldateska war berüchtigt für ihre rücksichtslosen Verwüstungen. In den Dörfern im Umland hatten sie noch mehr Schaden angerichtet. In diesem Krieg gehörte die sinnlose Plünderung und Zerstörung bald zur Tagesordnung. König Gustav Adolf von Schweden marschierte 1630 in Frankfurt ein. Wieder bot Hessen-Darmstadt seine Neutralität an, und Darmstadt musste sich von der schwedischen Einquartierung mit Lieferungen von Brot und Futtergetreide freikaufen. Das wirtschaftliche Leben in der Stadt lief einigermaßen stabil weiter. Notreserven wurden angelegt, so gut es ging. In den Jahren zwischen den Angriffen wurde sogar das Paedagogium Darmstadinum, eine „Trivialschule“ für Kinder aus Darmstadt und der Obergrafschaft, gebaut und feierlich eingeweiht. Auch der Ausbau der „Alten Vorstadt“ wurde abgeschlossen.

1635 standen die mit den Schweden verbündeten Franzosen plötzlich vor Darmstadts Toren. Arheilgen und Eberstadt hatten sie bereits angezündet und dem Erdboden gleichgemacht. Die Stadt zitterte vor Angst. Die schwedisch-französischen Truppen quartierten sich mit 30 Mann pro Haus bei den Bürgern ein. Das überforderte die Stadt sichtlich. Das Vieh drohte zu verhungern, auch starben mehr Bürger als sonst. Als die Franzosen endlich verschwanden, quartierten sich kaiserliche Soldaten in der Stadt ein. Es wollte einfach kein Ende nehmen. Die Kaiserlichen sollen sogar die Schlimmsten gewesen sein. Ihre Offiziere konnten Plünderungen und Gewalttätigkeiten gegenüber den Bürgern nicht verhindern.

Als wäre das alles nicht genug, als würden die Gräuel dieses Krieges, die Hungerkatastrophen, die Pest und die Hexenverbrennungen nicht genug Angst und Leid im Land verbreiten, setzten zur gleichen Zeit die großmannssüchtigen Kleindynastien in Hessen noch einen obendrauf. Als der Marburger Landgraf Ludwig IV., Landesherr über das Oberfürstentum Hessen, starb, folgte ein jahrzehntelanger erbitterter Kampf um das Erbe. Seine beiden Neffen, Ludwig V. in Hessen-Darmstadt und Moritz in Hessen-Kassel, versuchten alles, um jeweils den größeren Teil vom „Kuchen“ des Onkels zu ergattern. Am Ende eines langen Hin und Her erhielt Hessen-Darmstadt Oberhessen, die Niedergrafschaft Katzenelnbogen und die Herrschaft Schmalkalden. Doch die Witwe des inzwischen verstorbenen Landgrafen Wilhelm V. von Hessen-Kassel, Amalie Elisabeth, gab nicht auf. Sie schickte Truppen Richtung Oberhessen, die dort im so genannten Hessenkrieg zwischen 1645 und 1648 das Land völlig verwüsten. Darmstadt wurde zwei Tage lang von Amalies Verbündeten belagert und erlitt allein im Hessenkrieg einen Gesamtschaden von 22.231 Gulden. Georg II. von Hessen-Darmstadt verlor die im Erbstreit gewonnenen Landesteile wieder. Der Bruderzwist zwischen den Nachkommen des großmütigen Philipp hatte sich zu einer hasserfüllten Familienfehde entwickelt.

III. Vom Juden Manasse, französischem Theater und den „Empfindsamen“

Von den Verwüstungen, die Pest und Krieg hinterlassen hatten, erholte sich die Stadt Darmstadt schneller als das Umland. Die Menschen in den Dörfern hatten nicht nur mehr Schäden erlitten. Dort trieben jetzt auch besonders viele Straßenräuber ihr Unwesen. Die Wölfe in den Wäldern vermehrten sich so stark, dass es auf dem Land zu einer Wolfsplage kam. Das Leben außerhalb von schützenden Stadtmauern war gefährlicher denn je. Viele Menschen zogen daher lieber in die Residenzstadt, um hier ihr Glück zu machen. Eine ganze Reihe von Zuzügen bereicherte das Gewerbeangebot – zum Beispiel um einen Glaser, Pastetenbäcker, Buchbinder, Tüncher, Hofkoch, Würzkrämer und Seifenhändler. Doch Bürgermeister und Stadtrat klagten auch darüber, dass zu viele „unvermögliche Leute“ in die Stadt kämen, die keine Steuern zahlen könnten. Um diesen den Zuzug zu erschweren, wurde verordnet, nur jene zuzulassen, die mindestens 200 Gulden besäßen und ein Einzugsgeld von zwölf Gulden bezahlen könnten. Die Wirtschaft begann zu florieren. Die fünf Darmstädter Jahrmärkte wurden auf landgräfliche Weisung hin von einem auf jeweils zwei Tage verlängert. Die Bürger der Stadt erkannten zunehmend die Bedeutung einer guten Ausbildung für ihre Kinder. Die Schülerzahl des Darmstädter Pädagogs verdoppelte sich in den Jahren 1650 bis 1656 von 56 auf 117 Zöglinge. In diesen Jahren wurde der Samen für eines der großen Unternehmen gelegt, die heute die Industrielandschaft Darmstadts prägen: Merck. Am 26. August 1668 erteilte Landgraf Ludwig VI. dem Apotheker Friedrich Jakob Merck aus Schweinfurt das Privileg zur Übernahme der Engel-Apotheke am Schlossgraben. Sechs Generationen später sollte hier der steile Aufstieg der pharmazeutischen Industrie in Deutschland beginnen.

Bei der wirtschaftlichen Entwicklung spielten auch die Juden eine wichtige Rolle. In Darmstadt hatten sich seit 1529 mit landgräflicher Zustimmung die ersten Schutzjuden niedergelassen. Je attraktiver das Handels- und Verwaltungszentrum wurde, desto mehr Juden siedelten sich in und um Darmstadt an. Dies geschah nicht immer nur aus eigenem Antrieb, sondern auch aufgrund landgräflichen Drucks. Denn die Landgrafen profitierten von ihnen durch die Einnahme spezieller Judensteuern. Ihre Judenschutzbriefe entsprangen meist eher dem Wunsch, sich diese Geldquelle zu sichern, als der reinen Nächstenliebe. Wenn die Juden erfolgreich waren oder in Notzeiten mit Krediten und guten Beziehungen helfen konnten, wurden sie vom Landesherrn unterstützt. Wurden sie jedoch zu erfolgreich und damit für die christliche Bevölkerung zur lästigen Konkurrenz, so wollte man sie wieder loswerden. Eine gleichmäßige soziale und wirtschaftliche Entwicklung war unter diesen unberechenbaren Verhältnissen für sie kaum möglich. Jahrhunderte lang scheinen nicht mehr als durchschnittlich zwei oder drei Familien von Schutzjuden in Darmstadt gelebt zu haben. Zu sehr waren sie – wie fast überall in Deutschland und Europa – in ihren Arbeitsmöglichkeiten eingeschränkt. Da ihnen in den meisten deutschen Orten gewerbliche und handwerkliche Tätigkeiten untersagt waren, arbeiteten viele im Handel, insbesondere als Geldhändler. Diese Tätigkeit entfachte bei den Zeitgenossen nicht selten Neid und Hass. 1543 wurde den Juden in Hessen-Darmstadt vorübergehend auch noch das Münzgeschäft verboten.

Selbst für die grassierenden Pestepidemien wurden sie vielerorts verantwortlich gemacht. Der Schritt zu verbalen und tätlichen Angriffen war nicht sehr groß: In vielen Orten Mitteleuropas kam es immer wieder zu Vertreibung, Verfolgung und Ermordung der Juden wegen angeblichen Hostienfrevels und Ritualmordes an christlichen Kindern. Auch die Reformatoren standen den Juden nicht bei. Martin Luther hatte 1542 die Schrift „Von den Juden und ihren Lügen" verfasst und darin aufgefordert, „kein Mitleid mit dem von seinem Gott verdammten Volk zu haben". Dagegen kam Unterstützung vom Kaiser – nachdem Josel von Rosheim, der Vertreter der deutschen Juden, 1544 auf dem Reichstag in Speyer gegen aktuelle Ritualmordanklagen, die Einengung des jüdischen Geldhandels, die Schriften Luthers und die Ausweisung der Juden aus verschiedenen Territorien Deutschlands Beschwerde einlegte. Von Rosheims Forderungen fanden Eingang in das berühmt gewordene Privileg vom 3. April 1544, in dem Kaiser Karl V. den Juden alle von früheren Kaisern verliehenen Freiheiten bestätigte.

Landgraf Georg I. erkannte wohl auch die wirtschaftliche Bedeutung der meist gebildeten und erfolgreichen jüdischen Händler und erleichterte ihnen die Ansiedlung wieder. Doch die Bevölkerung hatte Schwierigkeiten, sich mit dieser Toleranz abzufinden. Einige Jahrzehnte später bat die Darmstädter Bürgerschaft den Landgrafen, die inzwischen in der Stadt sesshaft gewordenen Juden „abzuschaffen". Eine 1629 verschärfte Judenordnung beruhigte die christlichen Gemüter und legte den Darmstädter „Hofjuden" und „Pferdejuden" erneut erhebliche Beschränkungen im Arbeits- und Lebensalltag auf. Unter anderem wurde der von ihnen zu berechnende Zinssatz reduziert, und auf Märkten hatten sie christlichen Händlern den Vortritt zu lassen. Die Juden wurden gezwungen, christliche Missionspredigten anzuhören, und ihnen wurde verboten, Synagogen zu bauen und mit Christen über Religion zu diskutieren.

Wahrscheinlich aus all diesen Gründen ging die ohnehin geringe Zahl der in Darmstadt wohnenden Juden wieder zurück. Ärmere Juden zogen aufs Land und konnten nur bescheiden vom Vieh- und Futterhandel existieren. 1643 waren nur zwei jüdische Familien in der Stadt ansässig: der Viehhändler Löw aus Rossdorf mit Sohn und Schwiegersohn sowie der „Jud Joseph“. 1655 wurde der Sohn des Juden Abraham Bär in der Darmstädter Stadtkirche christlich getauft. Der Landgraf höchstpersönlich übernahm die Patenschaft, und die Hofgesellschaft feierte die „Judentaufe“. Ob sich der Getaufte hier wohlgefühlt hat, können wir heute nicht mehr sagen. Die Kirchenchronik vermeldete jedenfalls, dass Georg Ludwig Bär später „wieder zum Mamelucken geworden und nach Holland entwichen“ sei.

Als die Darmstädter Bürgerschaft 1662 nach dem Regierungsantritt des neuen Landgrafen Ludwig VI. erneut die Vertreibung der Juden forderte, hatte auch der Hofjude Manasse die Nase voll. Der Lederhändler gehörte zu den wohlhabendsten Darmstädter Bürgern und wohnte im vornehmen Stadtteil Planletz südlich des Schlosses am Marktplatz. Während der Besetzungen des Dreißigjährigen Krieges hatte er dem Stadtrat ein hohes Darlehen zur Abwendung französischer Quartierslasten geliehen und sich dem Darmstädter Oberamtmann Georg Dietrich Volmar, der an der Spitze der Darmstädter Regierung stand, als diplomatischer Kurier zur Verfügung gestellt. Volmar musste sich wegen „Judenbeistehens“ auf einer Ratssitzung harsche Vorwürfe gefallen lassen. Doch der Oberamtmann ließ sich die Angriffe nicht bieten, sondern verteidigte Manasse. Immerhin hatte dieser zum schnellen Aufblühen der Stadt nach dem Krieg beigetragen, und die Herren hatten erhebliche Schulden bei ihm. Diese wuchsen nach dem Krieg weiter. Den Ratsherren dürfte die zunehmende Abhängigkeit von einem Juden ein Dorn im Auge gewesen sein, als sie schließlich beim jungen Landgrafen Ludwig VI. seine Ausweisung forderten. Manasse sollte aus der Stadt aufs Land verschwinden. Zum äußeren Anlass nahmen die Ratsherren einen Vorfall, der sich auf dem Pfingstmarkt 1659 ereignet hatte. Einige Kaufleute hatten Manasse von seinem angestammten Verkaufsplatz vertrieben. Doch der ließ sich das nicht gefallen. Er verlangte seine Wiedereinsetzung mit dem Argument, er trage schließlich die gleichen steuerlichen Lasten wie andere Bürger. Doch ihm wurde nur ein schlechter Standplatz, abgesondert vom zentralen Marktgeschehen, zugebilligt. Zu allem Überfluss drohte der neue Fürst tatsächlich seine Vertreibung an. Manasse wartete diese gar nicht erst ab und zog nach Frankfurt, wo er 1662 das Bürgerrecht der freien Reichsstadt erhielt. Er konnte seine Geschäfte dort wesentlich erweitern und pflegte weiterhin die Beziehungen zur Darmstädter Regierung und zum landgräflichen Hof. Bald wurde er in Frankfurt Manasse Darmstadt genannt. „Menachem Sohn des Naftali genannt Manes Darmstadt“ wurde 1684 in Frankfurt beigesetzt. In Darmstadt existierte lange Zeit nur eine kleine Zahl privilegierter Hofjuden, denen der jeweilige Landesfürst den Verbleib in der Stadt ausdrücklich gestattete.

Die Menschen der Renaissance, die mit dem Dreißigjährigen Krieg endgültig vorbei war, hatten das Leben in vollen Zügen genossen. Sie liebten das Feiern, Fressen und Saufen, schöne Kleider, Musik und Tanz und schufen sich damit einen Ausgleich zu den Hungersnöten und Kleinkriegen ihrer Zeit. Hochzeiten, Kirchweih und andere Feste feierte das Volk meist mehrere Tage lang. Oft so ausgelassen und im Zustand des alkoholischen und lebensfrohen Rausches, dass viele Pfarrer und manche der selbstgefälligen feudalistischen Landesherrn im 16. Jahrhundert begannen, gegen die losen Sitten und lasterhaften Ausschweifungen zu wettern. In protestantischen Ortschaften kam es zu Verboten der wilden Fastnachts- und Karnevalsbräuche. In Frankfurt gab es ein Fassenachts-Vermummungsverbot. In Langen, Dreieich und Darmstadt wurde das seit dem 12. Jahrhundert im Festkalender der Katholiken fest verankerte und institutionalisierte Karnevalstreiben ausgelöscht und aus dem kollektiven Gedächtnis getilgt. Heutige Karnevalsfeiern kamen hier erst wieder Ende des 19. Jahrhunderts in Gang.

Der Protestantismus beeinflusste in den von ihm dominierten Landesteilen den Lebensalltag des Volkes. Das ewige Seelenheil sollte durch vorbildliche Lebensweise und Verzicht auf irdische Genüsse erreicht werden. 1737 beklagten sich einige Pfarrer beim Darmstädter Hofprediger über die Auswüchse des Kirchweihfestes und forderten deren Abstellung. Superintendent Berchelmann gab die Schreiben an die Regierung mit der Bitte weiter, die Angelegenheit zu untersuchen. Einige Regierungsbeamte wurden daraufhin dazu beordert, zwei Jahre lang die Kirchweihfeste zu beobachten und über mögliche Auswüchse zu berichten. Sicherlich hat ihnen dieser dienstliche Auftrag, bei dessen Ausübung sie bestimmt nicht auf dem Trockenen saßen, nicht schlecht gefallen. Jedenfalls waren ihre Berichte so verfasst, dass die Regierung keinen Anlass sah, die Kirchweihfeste zu verbieten. Ein anderes Schicksal hatte einige Jahrzehnte vorher die Modebegeisterung der besseren Stände ereilt: Eine landgräfliche Verordnung versuchte die „unmäßige Kleiderpracht in der Residenzstadt Darmstadt" einzuschränken. Mit der für Bürger angeblich nicht standesgemäßen „seidenen und taffetenen Kleidung" wurden auch die neumodischen „Manteaux" und „gefärbten hohen Schuhe", vor allem aber die „nach ausländischer Manier entblößten Hälse" verboten. Später wurde dem Volk ebenfalls mit einer Verordnung über den „Missbrauch des Caffé-Trinkens" wegen der drohenden „Schwächung der Gesundheit" der Kaffeeausschank und das Kaffeetrinken bei Geld- und Haftstrafe verboten. Ausgenommen hiervon waren die wohlhabenden Bürger, die schon längst das Kaffeetrinken als schicke Nachmittagsbeschäftigung entdeckt hatten. Offensichtlich ohne gesundheitliche Beeinträchtigungen, was den schikanösen und bevormundenden Charakter dieser Verordnung für das Volk zusätzlich deutlich macht.

Durch die politische Zersplitterung Deutschlands wurden die fast 300 souveränen deutschen Fürstentümer vielfach zum Spielball der großen europäischen Machtzentren Paris, London, Petersburg und Wien. Sie wurden zum Teil Kriegsbeute oder zeitweilige Verbündete der um Deutschland bestehenden zentralistischen Staaten. Im absolutistischen Frankreich des 18. Jahrhunderts regierte Ludwig XIV. und vergrößerte seine innen- und außenpolitische Macht. Seine glanzvolle Hofhaltung machte ihn als „Sonnenkönig" berühmt. Während Frankreich seine Machtinteressen weitgehend auf Europa konzentrierte, entwickelte sich England zur beherrschenden Seemacht. Die Engländer verhinderten eine ähnlich absolutistische Entwicklung des Königtums, indem sie Karl I. 1649 den Kopf abschlugen und die Monarchie abschafften. Die 1689 verabschiedete „Bill of Rights" wurde zur Grundlage des englischen Parlamentarismus und aller heutigen parlamentarischen Demokratien Europas. Österreich, das mit Frankreich um die Vormachtstellung in Europa kämpfte, wurde von den Türken bedroht, die 1683 die Hauptstadt Wien belagerten.

Es war vor allem der Glanz des barocken französischen Hoflebens mit seiner verschwenderischen Hofhaltung, den berüchtigten Mätressenschaften, der Bauleidenschaft und der Lust an der Parforcejagd, der den meisten deutschen Landesherren den Kopf verdrehte. In der ersten Hälfte des 18. Jahrhunderts versuchten auch die kleinsten Höfe, den französischen Lebensstil nachzuahmen. So auch Landgraf Ernst Ludwig von Hessen-Darmstadt. Er hatte bereits von seinem Vater einen Schuldenberg von 220.000 Gulden geerbt und mit der Besetzung der Wetterau und des unteren Maingebietes durch französische Truppen zu kämpfen, wobei auch die Residenzstadt Darmstadt gebrandschatzt wurde. Doch er verschlimmerte die finanzielle Lage der Landgrafschaft erheblich durch die Einführung der französischen Parforcejagden. Das Wild wurde dabei durch die laut bellende Hundemeute so lange gejagt, bis es völlig erschöpft aufgab. Die Jagdgesellschaften galoppierten über die Felder der Umgebung und hinterließen den Bauern verwüstetes Land. Die Rehe, Hirsche und Wildschweine fraßen die Ackersaaten und jungen Triebe der Bäume. Der Landesherr und auch noch sein Sohn und Nachfolger Ludwig VIII. vernichteten auf diese Weise einen großen Teil der bäuerlichen Ernten. Dem Landvolk wurde zudem verboten, Jagdwild für die eigene Ernährung zu erlegen.

Da Ernst Ludwig und sein Hof überwiegend von den Einnahmen der Bauern lebten, zeugt dieses Verhalten neben der Unmenschlichkeit auch von einer bodenlosen Dummheit. Die Schulden der Landgrafen wuchsen ständig. Bereits Georg I. hatte Jagdschlösser bauen lassen, wie zum Beispiel 1579 das

Das Jagdschloss Kranichstein wurde 1579 von Georg I. errichtet und diente den Landgrafen jahrhundertelang als Residenz für den Sommer und die Jagd.

Jagdschloss Kranichstein. Ernst Ludwig ließ jetzt den Parforcehof und die Orangerie mit dem Orangeriegarten in Darmstadt errichten. Er beauftragte den französischen Architekten Louis Remy de la Fosse 1716 mit dem Bau eines neuen Schlosses in einem dem Pariser Louvre nachempfundenen Stil. Weil das Geld nicht reichte, blieb das prunkvoll geplante Barockschloss als Neubauruine mit zugenagelten Fenstern bis zum Beginn des 19. Jahrhunderts ein Denkmal für die finanziellen Probleme der absolutistischen Landgrafen.

Ernst Ludwig hatte auf seiner Kavalierstour, die ihn – wie damals üblich – nach Paris führte, den Opernbetrieb des französischen Hofes kennen gelernt. So etwas wollte er für seine Residenz auch haben. Ein Besuch in Hamburg mit der dortigen Oper am Gänsemarkt zeigte ihm, wie eine solche Idee auch an einem deutschen Hof realisierbar war. Er holte sich 1709 aus Hamburg den berühmten Kapellmeister Christoph Graupner nach Darmstadt und ließ de la Fosse ein neues barockes Operntheater entwerfen. Seine ständig steigenden Schulden reduzierten das ehrgeizige Projekt auf den Umbau des Reithallen-Theaters, das sein Vater 38 Jahre vorher für Hofmusikaufführungen hatte bauen lassen. Das Gebäude behielt trotz Umbaus durch den Barockarchitekten das schlichte Äußere einer Reithalle, mit Fensterläden an den Siebensprossenfenstern. Zur Eröffnung des Umbaus 1711 wurde die Graupner-Oper „Telemach“ nach dem Erziehungsroman des Franzosen Francois Fénelon aufgeführt. Star der Vorstellung, an der auch Landgraf Karl von Hessen-Kassel teilnahm, war die Sängerin Elisabeth Döbricht von der Hamburger Oper. Auch sie wurde für

Darmstadt fest engagiert. Ein Jahr später wurde zusätzlich eine französische Schauspieltruppe angestellt. Der Landgraf schaffte es, den hochgeschätzten Graupner gegen einen Abwerbungsversuch der Stadt Leipzig in Darmstadt zu halten. (Leipzig stellte daraufhin ersatzweise Johann Sebastian Bach als Thomaskantor an.)

Das Darmstädter Theater öffnete als eine der ersten Konzertbühnen Deutschlands seine Vorstellungen für das Bürgertum und war für einige Jahre die Attraktion der ganzen Region. Der chronische Geldmangel zwang den Landgrafen jedoch, nach knapp einem Jahrzehnt den teuren Theaterbetrieb wieder einzuschränken. Das Loch in der Landeskasse wuchs und wuchs. Nicht nur seine Leidenschaft für das Theater brachte ihn auf kriminelle Ideen, wie er der Finanzkrise Herr werden könnte: Er versuchte sich im alchimistischen Goldmachen (erfolglos, wie man sich denken kann) und ließ die Silberprägung durch rückdatierte Stempel manipulieren. 1733 beauftragte er den zum Kabinettsfaktor ernannten Joseph Süß Oppenheimer mit der illegalen Prägung untergewichtiger Goldmünzen. Das brachte ihm großen Ärger mit seinen Finanzbeamten, der teilweise nur durch großzügige Pensionierungen aus dem Weg geschafft werden konnte. Der Münzbetrug mit den „Ernest d'Or" lief drei Jahre lang und brachte der Landeskasse die stattliche Summe von 16.000 Gulden ein. Damit bezahlte der kunstsinnige Landesherr das Gehalt seines Hofkomponisten Graupner.

Joseph Süß Oppenheimer, der Hessen-Darmstadt erfolgreich (wenn auch mit dubiosen Mitteln) aus der Finanzklemme geholfen hatte, wandte

In der Bessunger Orangerie überwinterten ursprünglich die Orangenbäumchen und andere Exoten des barocken Orangeriegartens. Nach 1945 wurde sie zunächst als Theater genutzt und ist heute Kulturzentrum.

sich nach der Thronbesteigung seines Gönners Karl Alexander in Württemberg ganz diesem Land zu. Da er auch hier half, die desolaten Staatsfinanzen zu sanieren, nahm er bei Hofe sehr bald eine überragende Machtstellung ein, was ihm Neid und Missgunst eintrug. Nach dem plötzlichen Tod Karl Alexanders wurde er 1738 in Stuttgart hingerichtet. Dieser so genannte „Jud Süß“ wurde wie kaum ein anderer Jude des 18. Jahrhunderts im Dritten Reich durch den gleichnamigen nationalsozialistischen Propagandafilm bekannt. Die Nationalsozialisten stellten ihn als den Prototypen des gescheiterten jüdischen Aufsteigers und Exoten innerhalb der christlichen Gesellschaft dar. Doch Oppenheimer stand am Anfang eines Jahrhunderts, das mit der Aufklärung den Weg der Juden zur Assimilation und Karriere innerhalb des Bürgertums bahnen sollte.

Vermutlich hätte sich der Theaternarr Ludwig VIII. keinen schöneren Tod wünschen können, als während einer Vorstellung sanft einzuschlafen. Genauso geschah es 1768. Damit wurde endlich der Weg frei für einen Landesherrn neuen Typs. Sein Sohn Ludwig IX. ging mit rigorosen Sparmaßnahmen an die Sanierung des Landeshaushalts: Er ließ das Theater schließen, entließ die Pagen und hob die Parforcejagden auf. Dennoch hatte auch er immer wieder mit den Finanzen zu kämpfen. Er war ein Militärnarr und ließ die Infanteriekaserne in Darmstadt zu einem großen Kasernenkomplex für 700 Soldaten ausbauen. Unermüdlich mussten diese „exerzieren, trommeln und chargieren“. Ein Herrscher ist immer nur so gut wie seine Berater, heißt es oft zu recht. Und Ludwig IX. konnte auf einen hervorragenden Minister bauen: den Staatsrechtler Friedrich Karl von Moser. Dieser hatte als hessen-homburgischer Staatsbeamter in Frankfurt und als Reichhofsrat in Wien bereits politische Erfahrungen gesammelt und war durch seine Schriften über die aufgeklärte Regierungspraxis weithin bekannt. Dass er aus echter persönlicher Überzeugung für den gesellschaftlichen Fortschritt eintrat, wurde in seinen Veröffentlichungen wie „Der Charakter eines Christen und ehrlichen Mannes am Hofe“ und „Der Herr und der Diener, geschildert in patriotischer Freiheit“ deutlich. Ludwig IX. berief Moser 1772 in seinen Dienst und gab ihm den Auftrag, durchgreifende Reformen der Wirtschafts- und Finanzverhältnisse in Darmstadt einzuleiten.

Zunächst erreichte Moser mit einem Tilgungsplan und Schuldvergleich die Besänftigung der beinahe 150 Gläubiger des Hofes. Binnen weniger Tage entwarf er ein finanzpolitisches Sparprogramm für die Landgrafschaft, das u.a. Staatskonzessionen für Masthöfe, Holzstapelplätze für den Frankfurter Bedarf, Torf- und Steinkohleabbau und eine rentable Gewehrfabrikation vorsah. Zudem sollte das Landrecht fixiert werden, damit Rechtssicherheit im Lande herrschte. Moser erstellte eine Landesstatistik, die „Moserschen Tabellen“, die zum ersten Mal einen exakten Überblick

Das heutige Prinz-Emil-Schlösschen an der Heidelberger Straße hatte sich der umstrittene Staatsreformer Karl von Moser erbauen lassen. Nach seinem Sturz ging es in den Besitz des Darmstädter Erbprinzen über.

über die Bevölkerung, die Landesflächen, das Gewerbe und Handwerk gaben: 167.646 Menschen lebten in der Landgrafschaft Hessen-Darmstadt. Da die hiesige Landwirtschaft kaum über den selbstversorgenden Austausch zwischen Land und Stadt hinausgekommen war, machte sich Moser als Nächstes an deren Modernisierung. Er wollte die Produktivität steigern. Der Viehbestand sollte erhöht und die Fäkaldüngung eingeführt werden, der Kleeanbau den Boden und der Kartoffelanbau die menschliche Ernährung verbessern. Doch die Moser'sche „Land-Commission" scheiterte an den jahrhundertealten Traditionen in Feld und Weide. Die absolutistische Zwangsverwaltung war außerdem selbst ein Bremsklotz, da sie Initiative und Aktivität der Menschen nicht förderte.

Moser war ein hartnäckiger Reformer. Viele Beamte und zum Schluss auch der Landgraf fühlten sich von ihm vor den Kopf gestoßen. Man wollte Reformen, aber bitte nicht so radikal. Er glaubte sich in einer sicheren

Position und irrte damit. Seine Lage wurde dadurch verschlimmert, dass er zwischen den oft gegensätzlichen Interessen des in Pirmasens residierenden Landgrafen und der stärker der Aufklärung aufgeschlossenen Landgräfin Karoline in Darmstadt vermitteln musste. Ludwig IX. entließ Moser 1780 schließlich Knall auf Fall, als dieser ihm die Erhöhung seiner Militärausgaben verweigern wollte. Er hatte vermutlich nur noch auf einen Vorwand gewartet, den unbequemen Reformer loszuwerden. Das selbstbewusste Darmstädter Bürgertum hatte sich damit behauptet. Es setzte sich aus den städtischen Handwerkern, Pfarrern und Beamten zusammen. Die beiden letzteren hatten in der Regel alle in Gießen studiert. Ein eng verflochtenes Beamtenbürgertum aus den ratsfähigen Familien der hessisch-darmstädtischen Städte nahm seit dem 15. Jahrhundert maßgeblichen Einfluss auf die Politik. Verwandtschaftliche Verbindungen spielten bei Karrieren eine nicht zu unterschätzende Rolle. Die bürgerliche Prägung der Landgrafschaft war außerordentlich stark – sowohl bei den Verwaltungsbeamten als auch beim Militär bis in die höchsten Offiziersstellen, die anderswo eine Domäne des Adels waren. Die Landgrafen hatten sich mit dem Bürgertum arrangiert und umgekehrt.

Während der Regierungszeit Ludwigs IX. erlebten Darmstädter Hof und Bürgertum eine kulturelle Blütezeit. Dies war hauptsächlich seiner Frau Karoline Henriette zu verdanken. Die Landgräfin, die viele Jahre getrennt von ihrem Gatten in Darmstadt lebte, weil dieser das Soldatenleben in den Kasernenstädten Pirmasens und später im preußischen Prenzlau vorzog, schuf hier einen Brennpunkt des europäischen Geisteslebens. Goethe nannte sie die „Große Landgräfin". In Karolines umfangreicher Bibliothek standen Bücher von Aufklärern, namhaften Philosophen und Dichtern ihrer Zeit. Sie führte ausführliche Briefwechsel u.a. mit Voltaire, König Friedrich II. von Preußen (der sie als eine der wenigen Frauen respektierte und sie einmal „Zierde und Bewunderung unseres Jahrhunderts" nannte) und Katharina der Großen von Russland. Sowohl Friedrich der Große als auch die russische Zarin besuchten die Landgräfin in Darmstadt, von der sie sich Töchter für ihre jeweiligen Thronfolger wünschten und auch bekamen: Friederike Luise wurde die zweite Frau König Friedrich Wilhelms II. von Preußen (der sie das „hessische Lieschen" nannte) und Wilhelmina Luisa die erste Gattin Zar Pauls I. von Russland. Eine Auszeichnung der Großen der Weltpolitik, auf die die Landgräfin hingearbeitet hatte und die sie zu schätzen wusste.

Karoline verfolgte mit Interesse die Entwicklung führender Köpfe der jungen Literatengeneration – darunter Wieland, Herder, Klopstock, Lavater, Nicolai und der noch unbekannte Goethe. Diese trafen sich regelmäßig im Haus des Hofbeamten und späteren Staatsministers Andreas Peter von Hesse am (späteren) Mathildenplatz mit den Hofdamen Louise von Ziegler (mit dem erdichteten Namen „Lila"), Henriette von Roussillon („Urania") und Caroline Flachsland (die als „Psyche" die Braut Herders wurde) sowie dem jungen Hofbeamten und späteren Kriegsrat Johann Heinrich Merck. Dieser entstammte der Darmstädter Apothekerfamilie Merck. Er war ein freigeistiger musischer Mensch, dessen Fähigkeiten und Intellekt in seiner Beamtenstellung, erst recht als späterer Kriegsrat, unterfordert und blockiert schienen. Daher suchte er einen Ausgleich in seinem Engagement für die schönen Künste. Dieser schwärmerische Kreis nannte sich „Gemeinschaft der Heiligen" und wurde von anderen „die Empfindsamen" genannt. Sie lasen ihre eigenen und anderer Autoren Texte, rezitierten Klopstocks Oden, musizierten oder gingen wandern. Damit befanden sie sich im Einklang mit dem kulturellen Zeitgeist. Der wandte sich ab von den Regeln und Normen des Barock. Die Künstler hatten genug von Perücken, Puder und Galanterie. Sie wollten „Gemüt und Gefühl rühren". Gedichte und Musik sollten und durften jetzt die Seele ergreifen und in himmlische Höhen führen. Es kam das Schlagwort von der „Empfindsamkeit" auf. Kein Wunder, dass diese Gegenbewegung zur französischen Verkünstlichung der Natur aus England kam, wo das Bürgertum dem Hof bereits einhundert Jahre zuvor seine Grenzen aufgezeigt hatte. Dort schrieb Laurence Sterne 1768 den Roman „A Sentimental Journey", mit dessen Übersetzung durch Lessing der Begriff „Empfindsamkeit" Deutschland eroberte. Auch in Deutschland war das durch die Aufklärung erwachende Bürgertum bestrebt, sich vom barocken Lebensstil des Hofes abzusetzen. Da traf diese neue Kunstrichtung genau ins Schwarze: Die Bewegung der Empfindsamkeit wurde zum ersten, ureigensten Ausdruck bürgerlicher Kultur.

Als Ergänzung und revolutionäre Seite der Empfindsamkeit folgte in den 1760er- und 1770er-Jahren der „Sturm und Drang". Es ist vor allem der junge Johann Wolfgang von Goethe, dessen Name bis heute mit dieser Kulturrevolution auf dem Papier verbunden ist. Die Große Landgräfin Karoline soll zwar vornehme Distanz zu der empfindsamen Darmstädter „Gemeinschaft der Heiligen" gehalten haben, trotzdem protegierte sie deren Akteure wohlwollend. Sie bedauerte in einem Brief, dass „Schriftsteller hierzulande nicht im gleichen Ansehen wie in Frankreich stehen". Vielleicht empfand sie auch eine Geistesverwandtschaft, zumal in dem starken Naturgefühl. Sie liebte nicht nur scharfen Intellekt, sondern auch schnelle Pferde und frischen Wind im Gesicht. Sie erwanderte mit Hofdame und Hütejungen einsame Bergfelsen und bestieg noch mit 51 Jahren von Bickenbach aus zu Fuß den Melibokus. Dennoch dürften der Landesherrin so manche Aktionen ihrer empfindsamen Dichter etwas zu weit gegangen sein. So zum Beispiel das Bad des jungen Goethe und einiger Freunde im Woog am helllichten Tag ohne jede Bekleidung. Zur damaligen Zeit ein Rechtsverstoß, der ziemlichen Ärger und Aufsehen in der Residenzstadt verursachte.

Auch Johann Heinrich Merck war nicht sehr begeistert von den freizügigen Badefreuden seines Freundes Goethe, was dieser in seinen Erinnerungen „Aus meinem Leben. Dichtung und Wahrheit“ reumütig zugab. Merck erkannte jedoch früh, was in diesem frischgebackenen Juristen aus Frankfurt an literarischen Talenten steckte. Der Darmstädter Beamte, der sich auch als Verleger betätigte, war begeistert von Goethes erstem Schauspiel „Götz von Berlichingen mit der eisernen Hand“, das dieser 1773 innerhalb von nur sechs Tagen verfasst hatte. Merck riss es dem noch zweifelnden und mit seinem Werk unzufriedenen Jungpoeten gewissermaßen aus den Händen und ließ es in der „Fürstlichen Hof- und Canzleybuchdruckerey“ in Darmstadt drucken. Vorsichtshalber ließ man diese erste Darmstädter Ausgabe anonym erscheinen, um die Reaktionen der Leser zu testen. Diese waren überwältigend. Das Stück wurde in ganz Deutschland begeistert aufgenommen. Goethe traf den Ton der Sturm-und-Drang-Zeit: Sein Götz ist ein Mann der Tat, der sein Schicksal in die eigene eiserne Faust nimmt, ein Kämpfer für Freiheit und Recht. Für die Bürger des ausgehenden absolutistischen 18. Jahrhunderts war Goethes Drama mit seinen Forderungen nach Autonomie des Individuums und seiner Kritik an der „Fürsten Herrschsucht und Ränke“ ein politisch brisantes Stück. Uraufgeführt wurde es bereits ein Jahr später in Berlin, am 12. April 1774. Auch andere große Geister wie zum Beispiel Friedrich Gottlieb Klopstock wurden von dem Verleger Merck gefördert. Als der „Apostel und Abgott der Empfindsamkeit“ (wie einige Literaturhistoriker den Dichter heute nennen) an dem Literatenkreis in Darmstadt teilnahm und von Merck in Darmstadt verlegt wurde, war er bereits bekannter als der Debütant Goethe. Mit seiner gefühlsbetonten, stimmungsvollen Poesie und seinen eigenwilligen freien Rhythmen, seiner Ergriffenheit von Themen aus der Religion, der Natur oder Freundschaft, Liebe und Patriotismus traf er den Nerv der Zeitgenossen.

Das liberale England war Mode geworden. Der tief greifende Bewusstseinswandel der Zeit zeigte sich auch in einer neuen Form der Gartenkultur. Seit Mitte des 18. Jahrhunderts wurden Gartenanlagen nach englischen Vorbildern gestaltet. Die Bäume und Sträucher wurden nicht mehr in strengen geometrischen Formen und Reihen angeordnet, wie es in den französischen Barockgärten Mode war, sondern nun in lockeren „clumps“ zusammengefasst. Alles sollte so natürlich wie möglich wirken. Die Gartentheoretiker gingen sogar soweit, dass sie in der geraden Linie das Zeichen politischer Willkür und sozialer Unterdrückung sahen. „Natur gleich Freiheit“ hieß die neue Parole. Die Aufklärung begründete die Freiheit aus dem Naturrecht heraus – also konnte Natur selbst zum Freiheitssymbol werden. So erklärt sich der Siegeszug des englischen Landschaftsgartens durch das aufgeklärte Europa. Den ersten Park dieser Art auf dem europäischen Festland ließ Leopold III. Friedrich Franz von Anhalt-Dessau ab 1764 in Wörlitz an der Elbe anlegen. Als Philosoph und Philanthrop schuf der Fürst mehr als nur einen schönen Park: Die Anlage war ein Gesamtkunstwerk von Architektur und Gartenbau.

Der Mode folgend, schickte Landgräfin Karoline ihren Gärtner nach England, wo er die Grundzüge der neuen Parkgestaltung lernen sollte. Von diesem Besuch inspiriert, legte er im Nutzgarten des Residenzschlosses den Landschaftspark im englischen Stil an. Ein Teich wurde angelegt, der vom Darmbach gespeist wurde. Über 300 seltene und exotische Pflanzen, vor allem aus Nordamerika, wurden in lockeren Gruppen gepflanzt. Daraus wurde der heute bei den Darmstädtern so beliebte Herrngarten. Karoline erhielt auf ihren Wunsch 1774 ihre letzte Ruhestätte in dem „Boskett englischer Art" nahe dem Eingang am Hoftheater. Ihr Freund und Bewunderer Friedrich der Große ließ ihr dort später ein kleines Denkmal setzen: eine marmorne Urne mit der Aufschrift „Femina sexu, ingenio vir" (von Geschlecht eine Frau, vom Geist ein Mann). Das war sicherlich nett gemeint, aber ob Karoline selbst diese Widmung als charmant empfunden hätte – wer weiß. Auch Minister Karl von Moser ließ an seinem Landhaus in Bessungen einen englischen Landschaftsgarten anlegen, dessen Hanglage zu einer besonders interessanten Parkgestaltung führte. Nach Mosers Entlassung kaufte Erbprinz Ludwig den Garten. 1830 gelangte er in den Besitz des Prinzen Emil, dessen Namen der Park heute trägt.

Zur gleichen Zeit taten sich in Europa ungeheuerliche Dinge. Mit der Aufklärung bereitete sich die größte geistige Bewegung seit der Reformation vor. In Königsberg schrieb der Philosoph Immanuel Kant seine „Kritik der reinen Vernunft" und definierte in der Berliner Monatsschrift von 1783 diese neue Weltanschauung: „Aufklärung ist der Ausgang des Menschen aus seiner selbstverschuldeten Unmündigkeit. [...] Habe Mut, Dich deines Verstandes zu bedienen!" Vernunft, Mut zur Kritik, geistige Freiheit und religiöse Toleranz sollten Tradition, religiösen Dogmatismus und ständische Vorurteile überwinden. Bildung und Erziehung zur Humanität sollten den Fortschritt, den Frieden und das individuelle Glück fördern. In England und Frankreich brodelte es kreativ in den Kreisen der Intellektuellen. Cherbury, Shaftesbury, Bayle und Voltaire formulieren ebenfalls aufklärerische Thesen. In Frankreich griffen die Politik und das Volk die aufrührerischen Gedanken auf. 1789 stürmten die Massen das politische Gefängnis in Paris, die Bastille, und leiteten die Französische Revolution ein. Das Heer löste sich auf, es entstanden autonome Gemeinden, die Kommunen, die Nationalversammlung beschloss die Abschaffung der Feudalordnung und die Bauernbefreiung. Unter der Losung „Freiheit, Gleichheit, Brüderlichkeit" wurde 1792 das Königtum abgeschafft und Frankreich zur Republik.

Irritiert verfolgte man in Hessen das revolutionäre Geschehen jenseits des Rheins. Der „alte Trommler" Ludwig IX. und Karoline waren gestorben. Ihr Sohn Ludwig X. stand nun in der Verantwortung. Er schien nicht ganz ungeeignet zu sein für diese Zeit, denn er strebte eine „bürgerfreundliche Verwaltung“ und mit dem „Katholiken-Patent“ eine freie Ausübung der Religion an. Doch gegenüber der französischen Revolution verhielt er sich zwiespältig. Er schickte im Januar 1791 seinen Kriegsrat Johann Heinrich Merck in geheimer Mission nach Paris, um ihn über seine unmittelbaren Eindrücke von der politischen Lage, aber auch über die politischen Absichten betreffend seiner Herrschaftsteile im Elsass berichten zu lassen. Merck kehrte mit überbordender Begeisterung aus Paris zurück nach Darmstadt. Er berichtete von einem Besuch im Jakobiner-Klub: „Der Club der Jacobins enthält alle Leute von Genie und warmen Herzen. Hier ist der Ort, wo der Grundstein zum Wohl der Nation und vielleicht das Universum bereitet wird.“ Und weiter: „Eine ganze Nation, die nach Besserung der Sitten dürstet!“ Der 50-jährige Skeptiker und frühere „Empfindsame“ Merck hatte seine alte Begeisterung für „Freiheit und Menschenwürde“ wiedergefunden, die ihm im jahrzehntelangen Alltag als Kriegsrat des Hofes beinahe abhanden gekommen wäre. Er berichtete seinem Landesherrn voller Überzeugung, dass die Stimmung in Frankreich ruhig und mit einer Gegenrevolution nicht zu rechnen sei.

Doch Mercks Stimmung entsprach nicht der Hessen-Darmstadts. Man stelle sich seine maßlose Enttäuschung vor, als er die Darmstädter „Land-Zeitung“ aufschlug und lesen musste: „Welcher Mensch, der Vernunft hat, wird nicht eine Gegenrevolution wünschen. Sie muss sogar nicht weit entfernt sein, sonst ist ein Bankerott unvermeidlich; die Gräuel der Anarchie vermehren sich täglich. Eine Gegenrevolution muss von einem jeden, der rechtschaffen denkt, gewünscht werden.“ Noch viel schlimmer war, dass auch der Landgraf einen regelrechten Hass auf die Revolution entwickelte. Dieser hatte mit den nach Darmstadt geflüchteten adligen Emigranten, den mit ihm verwandten Prinzen Condé und Graf Charles von Artois gesprochen. Den feinsinnigen Johann Heinrich Merck traf dieser Wandel mitten ins Herz. Zu lange schon hatte er gegen seine Natur und seine politische Anschauung gelebt und gearbeitet. Jetzt konnte er es nicht mehr ertragen. Er schrieb in einem Brief an seinen alten Freund Goethe: „Für mich ist keine Freude mehr auf dieser Welt und Jammers ohne Ende.“ Zwei Wochen nach dem Artois-Geprä ch, am 27. Juni 1791, erschoss sich der enttäuschte und deprimierte Merck.

IV. Ludwig wird Großherzog und Georg Büchner fordert die Menschenrechte

An der französischen Revolution hatten die Darmstädter nur mäßiges Interesse: Begeistern für ein unübersichtliches Chaos und Auflehnen gegen den Landgrafen? Nein, für die Residenzbewohner war das kaum denkbar. Denn die Darmstädter Landgrafen zeigten sich moderater gegenüber ihren Untertanen als beispielsweise die Landesherrn von Hessen-Kassel. Die Darmstädter Bürger litten regelrecht unter Entzugserscheinungen, wenn ein Landgraf sie allzu lange alleine ließ. So musste sich Ludwig IX. (der jahrzehntelang Soldatenspiele in Preußen und Pirmasens vorzog) anlässlich der Hochzeit des Erbprinzen folgendes Klagegedicht der Metzgergesellen anhören: „Wär unser Landesherr, oh wär er nur zugegen! / Frohlockend wollten ihm wir uns zu Füßen legen. / Als Kinder wollten wir uns recht von Herzen freuen! / Nichts wünscht die ganze Stadt, nichts wünschet sie so sehr, / als wenn der Landesherr, Ludwig der Neunt, hier wär ...“.

Noch beliebter war sein Nachfolger Ludwig X., der Sohn Landgräfin Karolines. Unter seiner Regentschaft kam es in Darmstadt endlich zu dem ersehnten wirtschaftlichen, politischen und kulturellen Aufschwung. Als er nach 40 Regierungsjahren 1830 starb, gründeten die Darmstädter Bürger einen Verein zur Errichtung eines „Monumentes“ für ihren Großherzog und finanzierten aus privaten Mitteln den Bau der alles überragenden, 39 Meter hohen Säule mit Bronzestatue auf dem Luisenplatz. Das Einweihungsprogramm für das Monument am 25. August 1844 bot eine glanzvolle Präsentation all dessen, worauf man in Darmstadt stolz war: Aufmarsch der hier stationierten Soldaten, der Abgesandten aller Berufe und Stände, der Beamten in ihren Uniformen und Honoratioren in ihren schwarzen Talaren sowie – ein Tribut an die neue Zeit – ein Schauturnen hiesiger und auswärtiger Turnerverbände. In der allgemeinen Euphorie für den Regenten überschlug sich der übereifrige Oberbaurat Georg Lerch mit dem Vorschlag, Darmstadt in „Ludwigsstadt“ umzubenennen. Das ging einigen dann doch zu weit. Der Vorschlag wurde mit dem sarkastischen Gegenvorschlag, aus der Ochsengasse eine Lerchengasse zu machen, zu den Akten gelegt.

Es ist schon erstaunlich, dass die Darmstädter ihren geliebten Landesfürsten so weit oben aufstellten, dass er von den Passanten kaum zu

Die Darmstädter Bürger setzten dem von ihnen verehrten Großherzog Ludwig I. und der von ihm erlassenen ersten hessischen Verfassung mit dem „Langen Ludwig" ein bleibendes Denkmal.

sehen ist. Es sei denn, man verwendet ein Fernglas oder verrenkt sich den Hals beim Hochschauen. Die Nähe ist aufgehoben, der Respekt der Landeskinder lässt sich hier in Metern messen. Kein Heinerjunge kann auf ihm herumturnen oder ihm die Nase anmalen. Noch eindrucksvoller präsentiert sich der Großherzog Reisenden, die von Westen die lange, breite Rheinstraße herauffahren und in der Ferne die hohe Säule wie eine Orientierungsmarke auf sich zukommen sehen. Andernorts war es fast immer die Kirchturmspitze, die ein Städtchen überragte und Reisenden den Weg zum Zentrum zeigte. In Darmstadt war es seit 1844 der „Lange Ludwig".

Doch zunächst traf man in der Stadt Vorsichtsmaßnahmen gegen eine mögliche Ausbreitung der französischen Revolutionsideen. Die Darmstädter Polizei sollte ein besonderes Augenmerk auf alle Fremden werfen. Der Rat der Stadt beriet mögliche Vorkehrungen gegen „Aufwiegelungen" und Streiks der Gesellen. Mehrere Anträge auf Wirtsgartenmusiken an Sonntagen wurden abgelehnt. Die Stadtväter wollten verhindern, dass Studenten und anderes kritisches Volk beim Saufen und Feiern auf die Idee kämen, an den Zielen der Französischen Revolutionäre könnte etwas Wahres dran sein und diese dann vielleicht mit Aufruhr und Gewalt einzufordern. Die in Darmstadt stationierten hessisch-darmstädtischen Soldaten wurden gegen deutsche Revolutionäre in Mainz eingesetzt. Man blieb vorsichtshalber „reichstreu" – sicher ist sicher.

Die Franzosen waren wie berauscht von ihrem gelungenen Staatsstreich für die Menschenrechte. Jetzt wollten sie ihre neuen republikanischen Errungenschaften den deutschen Nachbarn nahe bringen. Diese hätten die fortschrittlichen Grundsätze von der Freiheit des Bürgers und der Trennung von Justiz und Verwaltung eigentlich dringend nötig gehabt: In Deutschland waren die Menschen noch abhängige Untertanen ihrer Landesherrn, und die Obrigkeit war geprägt vom willfährigen Hofschranzentum. Der Franzose und die Französin waren dagegen freie Bürger. Doch die Franzosen verspielten alle Sympathien durch die ganz und gar nicht „demokratische" Besetzung der linksrheinischen Gebiete im Jahr 1794 und die bald darauf beginnenden napoleonischen Eroberungsfeldzüge quer durch Deutschland.

Der Darmstädter Landgraf blieb seiner frankreichfeindlichen Linie zunächst treu: Eisern ließ er gegen französische Truppen marschieren. Doch das Blatt wendete sich. Frankreich war stärker. Ludwig X. saß in der Klemme. Was sollte er tun? Er schaute aus dem Fenster seines Schlosses auf das beschauliche Darmstadt herab und suchte nach einer Antwort. Die Entscheidung lautete: neutral bleiben. Gut möglich, dass ihn der Blick auf diese Stadt dazu inspiriert hatte. Ein paar Jahre laviert er sich mit dem Versuch, Neutralität zu bewahren, durch die Wirren der vielen Allianzen kleiner und großer Feinde und Verbündeter. Doch bald funktioniert das nicht mehr: 1806 verlangte Napoleon den Beitritt Hessen-Darmstadts zum geplanten Rheinbund. Um dieser Forderung Nachdruck zu verleihen, schickte er seinen Marschall Pierre-François-Charles Augereau mit einem 20.000 Mann starken Armeekorps nach Darmstadt. Von Januar bis Juli 1806 blieben die Stadt und das Umland besetzt.

Wieder einmal hatte fast jedes Haus französische Soldaten einzuquartieren und zu beköstigen. Wie so oft rückten dann Vater, Mutter, Großeltern, Söhne, Töchter und Magd in einer Kammer zusammen, wo sie aus Platzmangel zum Teil nur sitzend schlafen konnten. Im Wohnraum, im Stall oder in der Werkstatt breiteten sich oft bis zu zehn oder mehr Soldaten auf einem meist kärglichen Strohlager aus, plünderten Speisekammer und Vorräte und betranken sich. Die Familien konnten froh sein, wenn sie in diesem Zustand nicht auch noch die Mädchen belästigten oder Streit anfingen. Die Frustrationen entluden sich in Auseinandersetzungen vor allem zwischen den einheimischen und den französischen Soldaten. In Wirtshäusern und anderen Vergnügungsetablissements, wo der Heiner mit dem François zusammentraf, kam es bald zu Prügeleien. Bis der Landgraf seinen Soldaten Ausgehverbot erteilen musste. Wie rächt sich das Volk, wenn es keine anderen Mittel zur Verfügung hat? Es erfindet Schimpfwörter. So kam es, dass sich die Bezeichnung „Oschero" (nach Marschall Augereau) im Darmstädter Umland als Schimpfwort für einen groben Kerl einbürgerte.

Nach einem halben Jahr Besatzung war der Landgraf weichgekocht. Er entschied, sich Napoleon zu unterwerfen. Sofort verließen die nun verbündeten Franzosen Südhessen und seine Residenz. Am 16. Juli 1806 trat Hessen-Darmstadt zusammen mit fünfzehn anderen deutschen Staaten dem Rheinbund unter „Protektor" Napoleon bei und sagte sich vom Deutschen Reich los. Ob Ludwig X. schon vorher geahnt hatte, wie sehr ihm diese Unterwerfung von Nutzen sein würde? Wir wissen es nicht. Hessen-Darmstadt stieg von einer kleinen Landgrafschaft zum Großherzogtum auf. Aus Ludwig X. wurde Großherzog Ludwig I. Gleichzeitig erhielt er die Grafschaften und Fürstentümer von Erbach, Leiningen, Löwenstein, Solms, Stolberg und andere mit rund 175.000 neuen Untertanen. Darmstadt wurde zur Hauptstadt eines ansehnlichen mittelgroßen Staates. Doch der Preis dafür war hoch: Die Soldaten aus Darmstadts Kasernen mussten sich nun an Napoleons Kriegsspielen beteiligen. Sie kämpften an der Seite der Franzosen in Preußen, Spanien und Österreich. Und fast 4.000 Hessen-Darmstädter fielen oder erfroren 1812 an der Seite ihrer französischen Leidensgenossen im grauenvollen Kampf gegen Russlands Armee und Russlands Winter.

Trotz ihren monarchistischen Grundsätzen waren die Herren im Darmstädter Schloss anderen Landesherren oft eine Nasenlänge in Richtung Bürgernähe und später auch Modernität voraus. Sicher auch einer der Gründe, warum die Heiner ihre Schlossherren ins Herz geschlossen hatten. Vor allem im Vergleich mit ihren Vettern im Kurfürstentum Hessen-Kassel schnitten die Darmstädter besser ab. Wilhelm I. von Hessen-Kassel galt schon damals als Inkarnation eines überlebten Despotismus. Er war einer der reichsten Fürsten seiner Zeit, aber an seinem Reichtum klebte der Vorwurf des unmoralischen Handelns gegenüber seinen Landeskindern. Im gerade vergangenen 18. Jahrhundert hatte sich besonders sein Vater Friedrich II. im Soldatenhandel hervorgetan. Wie später sein Sohn verkaufte oder vermietete er seine Soldaten an England, Preußen und Holland und kassierte dafür reichlich. So zahlte England für 12.000 Mann jährlich 450.000 Taler. Große Empörung rief dieser Menschenhandel erst hervor, als die nordhessischen Soldaten auch nach Übersee verschifft und dort im Amerikanischen Unabhängigkeitskrieg gegen die Freiheitskämpfer der englischen Kolonien eingesetzt wurden. Die Nordhessen sollen ein Drittel der Truppen König Georgs III. in Nordamerika gestellt haben.

Bei aller Hingabe an die Monarchie – so etwas taten die Nachkommen der Großen Landgräfin Karoline in Darmstadt, die die Ideale der Aufklärung zur Grundlage der Erziehung ihrer Kinder gemacht hatte, nicht. Ein aufklärerischer Geist wehte seit Karolines Zeiten durch das Darmstädter Herrscherhaus. Wenn auch nicht als starker Wind. Aber für den Kampf gegen alte Zöpfe reichte es immer. Gleich nach dem Abzug der Franzosen aus Darmstadt verfügte Karolines Sohn Ludwig die Abschaffung der – im wahrsten Sinne des Wortes – alten Zöpfe in der hessen-darmstädtischen Armee. Eine fortschrittliche Tat, die natürlich sofort im Darmstädter Stadtbild auffiel und eifrig diskutiert wurde. Der fürstliche Vetter aus Kassel „glänzte“ auch hier wieder durch penetrante Rückständigkeit. Wilhelm I. wollte jeden Hauch von Modernisierung, den die Franzosen während ihrer Besatzungszeit gebracht hatten, ausmerzen. Und zwang daher seine Soldaten, ab sofort wieder Zöpfe zu tragen. Dummerweise wuchsen den armen Männern so schnell keine langen Haare. Also trugen sie künstliche. Als der Kurfürst in Kassel einmal einen Offizier mit zwei Zöpfen entdeckte, soll er ihn angebrüllt und unter Arrest gestellt haben. Der Soldat hatte aus Versehen den Hut mit dem Zopf eines Kameraden aufgesetzt – während sein Kunstzopf am eigenen Haar baumelte. Soviel zur nordhessischen Verwandtschaft. Zurück zu Darmstadt. Großherzog Ludwig I. war so liberal, dass er Revolutionssympathisanten in hohe Regierungsstellen berief: Friedrich Gladbach als Legationsrat, den ehemaligen Mainzer Jakobiner Georg Wedekind als Leibarzt und den Napoleonverehrer Obermedizinalrat Ernst Büchner, dem er das Gesundheitswesen des Großherzogtums unterstellte. Letzterer war der Vater von Luise, Ludwig und Georg Büchner, drei engagierten Kämpfer für Freiheit und Gerechtigkeit.

1814/15 tagte der Wiener Kongress, bei dem Europas Grenzen wieder einmal zum Spielball der Großmächte wurden. Und abermals bekam Hessen-Darmstadt ein schönes Stück vom Kuchen ab: das linksrheinische Rheinhessen. Das Großherzogtum „von Hessen und bei Rhein“ hatte sich nun in Einwohnerzahl (627.000) und Fläche (8.200 Quadratkilometer) etwa verdoppelt. Damit hatte Hessen schon fast seine heutigen Grenzen erreicht. Die Bevölkerung der Hauptstadt war in nur anderthalb Jahrzehnten auch um mehr als 50 Prozent gewachsen. Darmstadt gewann an Selbstbewusstsein und stand bald im Zenit seiner Bedeutung und kulturellen Glanzzeit. Von nun an bis zum Ende des Zweiten Weltkrieges sollte sie die stolze, aber nie überhebliche Landeshauptstadt bleiben.

Reisende hatten ebenso wie manche Einheimische Darmstadt bisher stets als mehr oder weniger kleinwinklig und altertümlich beschrieben. Anfang des 19. Jahrhunderts konnte die Stadt sich endlich im Kreise anderer Residenzstädte sehen lassen. Ein in Karlsruhe ausgebildeter Architekt wurde zum Glücksfall für das Stadtbild. Der 1810 zum Hofbaudirektor berufene Georg Moller baute neue Stadtviertel im Westen und Südwesten mit markanten klassizistischen Fassaden und repräsentativen Stadttoren. Eine Bauordnung legte fest, dass neue Hausfassaden von ihm genehmigt werden mussten. Die Straßen wurden mit Bürgersteigen eingefasst, aus Sandwüsten wurden ansehnliche Plätze, der Luisenplatz erhielt seine regelmäßige achteckige Form, und repräsentative Gebäude entstanden an vielen Stellen. Mit Moller begann die Stadt ihr provinzielles Äußeres abzulegen. Der Architekt ergänzte außerdem das Residenzschloss um zwei neue Flügel. Doch sein absolutes Meisterstück wurde ein Bauwerk, das der liebsten Freizeitbeschäftigung der Darmstädter Bürgergesellschaft gewidmet war: das Theater.

Das ehemalige Hoftheater, 1819 von Georg Moller entworfen, zählte mit 2.000 Plätzen zu den größten und schönsten seiner Zeit. Im Zweiten Weltkrieg zerstört, wurde es ab 1994 als Hessisches Staatsarchiv ausgebaut. Heute heißt es daher „Haus der Geschichte".

Fast 100 Jahre waren vergangen, seit mit Christoph Graupners Oper „Telemach" in Darmstadt eine kurze aber glanzvolle Zeit des Musiktheaters in der umgebauten Reithalle begonnen hatte. Die landgräflichen Schulden machten damals dem Spaß ein Ende. Kriege und Belagerungen hatten eine Zeit lang die Lust und die Möglichkeiten der Stadt am Theaterspiel verschüttet. In der Zeit der Landgräfin Karoline traten ab und zu wandernde Schauspielgruppen auf. Mit dem wachsenden Wohlstand regte sich wieder die Spielfreude. 1806 fanden sich einige Laienspieler aus der Darmstädter Handwerkerschaft zusammen, die im Rathaus am Marktplatz unter anderem „Die Räuber" von Schiller aufführten. Bald gründete sich eine private Schauspieltruppe, die im Saal des Gasthofes „Zum Erbprinzen" in der Rheinstraße „theatralische Vorstellungen" gab und begeisterten Anklang fand. Es war nicht nur das Sprechtheater, das man hier liebte. Vor allem begeisterten die Bürger Opern und Operetten. Als der Leiter der Schauspielgruppe Franz Xaver Krebs sich finanziell überschätzte, als er die Scheune der alten Post zum Theaterraum mit Logen und Galerien ausbauen wollte, übernahm der Großherzog kurzerhand die ganze Truppe und das Inventar der in Konkurs gegangenen Initiative. Sie spielte nun weiter als offizielles Hoftheater im renovierten alten Bau de la Fosses. Eröffnet wurde mit der Mozart-Oper „Titus". Ludwig höchstpersönlich hatte sie mit dem Orchester und den Spielern einstudiert.

Inzwischen entwickelte der Großherzog noch größere Pläne. Er ließ seinen Hofbaudirektor Moller ein traumhaftes Opern-Theater im klassischen Stil gegenüber dem Schloss bauen. Das 1818/19 errichtete Haus war nicht nur das schönste Gebäude der Residenz. Selbst in Frankreich galt es vielen als das schönste Theater Europas. Es hatte fast 2.000 Sitzplätze, was eindeutig zeigte, dass der Besuch der Bürger der Stadt und des Umlandes erwünscht war. Geringe Eintrittspreise und Freikarten sicherten auch weniger betuchten Schichten den Zutritt. Diese besuchten eifrig „ihr" Theater, so oft es ihnen möglich war. Viele Darmstädter hatten eigentlich genug mit der Bewältigung der Alltagssorgen zu tun. Künstlerische Betätigung war in den unteren Schichten nicht weit verbreitet. Aber alle Darmstädter Familien interessierten sich für das großherzogliche Hoftheater, seine Aufführungen, seine Schauspieler, sein Personal und die Geschichten, die sich auf und hinter der Bühne ereigneten und über die man so herrlich „schnuddeln" konnte. Als der Ruhm des Theaters bald über Deutschlands Grenzen hinausreichte, kannte der Stolz der Darmstädter keine Grenzen mehr.

Außerhalb Darmstadts taten sich inzwischen noch andere wichtige Dinge. An die Stelle des 1806 aufgelösten Heiligen Römischen Reiches Deutscher Nation war zunächst der Rheinbund getreten, der 1813 zerbrach. Zwei Jahre später entstand der Deutsche Bund als loser Zusammenschluss vieler deutscher Kleinstaaten und Städte. Man gründete den Bundestag mit Sitz in Frankfurt am Main. Dieser war jedoch nicht demokratisch gewählt. Noch schickten ausschließlich 37 Fürsten und vier Städte ihre Vertreter an den Main. Doch in die Gründungsakte des Deutschen Bundes war auch etwas sehr Modernes hineingeraten. Wie auch immer das passiert war: Die fortschrittlichen Zeitgenossen hatten damit einen Fuß in der Tür, die mit der Zeit immer mehr und mehr geöffnet werden konnte. Was war so neu und modern? Artikel 13 der Bundesakte schrieb vor: „In allen Bundesstaaten wird eine Landständische Verfassung stattfinden." Kaum einer der deutschen Fürsten dachte auch nur im Schlaf daran, eine solche Verfassung einzuführen. Doch die Bevölkerung war durch die Aufklärung, die Französische Revolution und die Befreiungskriege gegen Napoleon aufgewacht. Jetzt wurden Bürgerrechte und eine Verfassung gefordert. In Gießen und Darmstadt formierte sich eine bürgerliche Opposition. Publizisten, Rechtsanwälte und Studenten bildeten lose Zusammenkünfte. Unter der Führung der Darmstädter Juristen Heinrich Hofmann und Wilhelm Stahl beschloss ein „wilder Landtag" mit Deputierten aus Darmstadt und der Provinz Starkenburg eine Petition an den Großherzog, in der die Einführung einer Verfassung gefordert wurde. Doch nicht allein die wachsende politische Mündigkeit der Bevölkerung führte zu radikalen Zusammenschlüssen. Es war auch die in weiten Teilen Hessens herrschende wirtschaftliche Not nach den Missernten und Hungerjahren zuvor. Aus diesem Grund fanden die Bürgerrechtler Rückhalt beim Volk. Viele aufgebrachte Menschen beteiligten sich an den illegalen, so genannten „wilden" Landtagen, wählten Deputierte und trugen sogar eine Steuerverweigerungskampagne mit. Was für Darmstädter Verhältnisse fast dem Hochverrat gleichkam.

Im Darmstädter Schloss war man durchaus bereit, weiterhin alte Zöpfe abschneiden. Doch die Herausforderungen der neuen Zeit erwiesen sich als haariger als einfache Kleidervorschriften für Soldaten. Großherzog Ludwigs Problem bestand darin, dass er zwar dem liberalen Gedankengut gegenüber aufgeschlossen war, jedoch mit einem Bein noch immer im Absolutismus stand. Nachdem ihm seine Untertanen einige Jahre lang zugesetzt hatten, erließ er 1820 als einer der ersten Bundesfürsten eine Verfassung mit dem Grundsatz: „Alle Hessen sind vor dem Gesetz gleich." Das war schon ganz gut. Doch wurde erneut deutlich, wie sehr Ludwig noch dem Absolutismus verhaftet war: Er hatte diese Verfassung per Edikt „verordnet" und das Wahlrecht nach alter Manier stark eingeschränkt. Zu allem Überfluss verlangte sie von den Staatsbürgern und Abgeordneten noch einen Treueschwur auf den Großherzog. Das waren nun wirklich völlig verstaubte Zöpfe aus der Requisitenkammer absolutistischer Zeiten.

Die Liberalen waren empört und meinten, dies sei Prostitution. Sie lehnten Treueschwur und Verfassung ab. Ludwig zeigte Einsicht und kam ihnen ein paar Schritte entgegen. Er ließ eine verbesserte Neufassung mit dem Landtag aushandeln. Nur acht Monate später wurde die überarbeitete Verfassung verkündet. Sie galt danach als die beste im Deutschen Bund. Obwohl sie immer noch erhebliche Mängel aufwies: Abgeordneter konnte nur werden, wer mehr als 100 Gulden direkte Steuern zahlte. Diese Bedingung erfüllten in Darmstadt nur 20 Bürger – von insgesamt 18.000! Unter den Abgeordneten des gewählten ersten hessischen Verfassungs-Landtags befanden sich dennoch etliche Darmstädter. Darunter Kommerzienrat Ernst Emil Hoffmann und Textilkaufmann Andreas Zöppritz von den Liberalen sowie Bäckermeister Kahl und Medizinalrat Huth aus dem Kreis der Darmstädter Bürgerrechtler.

Der Landtag hatte in den nächsten Jahren viele Reformen umzusetzen. Er musste die Staatsschulden regeln, die Verknüpfung von Verwaltung und Justiz aufheben und neue Ämter und Gerichte schaffen, die völlige Herstellung der verfassungsmäßig garantierten Pressefreiheit beschließen und die veraltete Darmstädter Stadtverwaltung reformieren. Der Gemeinderat und der Bürgermeister wurden ab jetzt von allen Ortsbürgern gewählt. Was für ein Fortschritt! Doch auch hier hielt sich die Regierung ein Hintertürchen offen: Für das Amt des Darmstädter Bürgermeisters wählten die Abgeordneten drei Kandidaten, unter denen sich das Staatsministerium dann den endgültigen Bürgermeister aussuchen konnte. Später tat sie genau das, was diese Regelung so absurd machte. Wenn ein fortschrittlicher Kandidat mit einer deutlichen Mehrheit gewählt wurde, entschied sich die Regierung trotzdem für den konservativen Kandidaten als Bürgermeister. So geschehen 1836, als der Bauunternehmer Georg Brust, der die geringste Stimmenzahl hatte, mit Unterstützung der Regierung zwölf Jahre lang Bürgermeister blieb. Er galt als unfähig aber „politisch zuverlässig". Die liberalen Wahlsieger kamen „wegen ihrer Gesinnung nicht in Frage". An anderer Stelle hatte der Landtag mehr Erfolg: Die Aufhebung der Pressezensur führte schon bald zur Gründung von drei politikkritischen Zeitungen in der Residenzstadt. Es waren dies das „Neue Hessische Volksblatt", der „Beobachter in Hessen und bei Rhein" und der „Deutsche Volksbote". Doch damit endete vorerst die „halbe" Erfolgsgeschichte liberaler und demokratischer Bemühungen der Hessen. Weitergehende Hoffnungen auf mehr Freiheit und Bürgerrechte wurden in Darmstadt wie in ganz Deutschland bitter enttäuscht.

Kaum war der beliebte alte Ludwig I. 1830 gestorben, brach mit seinem noch unerfahrenen Sohn Ludwig II. eine neue Zeit an. Der autoritäre Ministerpräsident du Thil ergriff die Gelegenheit, auf die er so lange gewartet hatte. Er riss die Zügel an sich und regierte zunehmend so despotisch wie Metternich in Österreich. Einen passenden Vorwand lieferte ihm die im gleichen Jahr ausbrechende Pariser Julirevolution gegen das repressive System der „Heiligen Allianz" in Europa. Sie strahlte auch auf Deutschland aus. Sofort verhärteten sich die Fronten zwischen dem Darmstädter Landtag und der Landesregierung. Der Landtag lehnte den weiteren Ausbau des Darmstädter Schlosses ab. Doch der Wind blies den Demokraten jetzt ins Gesicht. Ab 1833 wurden die drei kritischen Zeitungen in Darmstadt wieder verboten. Du Thil löste mehrmals hintereinander den Landtag auf, bis dieser vollends an Schlagkraft und Bedeutung verlor. Die Epoche der Restauration begann. Sie versetzte nicht nur Darmstadt in einen bleiernen politischen Schlaf. In ganz Deutschland gingen die Uhren jetzt rückwärts.

In den fortschrittlichen verfassungsgebenden Jahren wuchs in Darmstadt ein kleiner Junge auf, der von seiner familiären Herkunft die besten Voraussetzungen mitbekam, die politischen und gesellschaftlichen Missstände zu durchschauen: Georg Büchner. Sein Vater war der frankophile Obermedizinalrat Ernst Büchner, der im Dienst des Großherzogs Ludwig I. stand. Zusammen mit seiner Frau Caroline pflegte er einen fortschrittlichen Umgang in seinem Haus. Die Eltern und ihre fünf Kinder tauschten sich diskussionsfreudig untereinander aus, und auch später unterstützten sich die Geschwister gegenseitig. Georg, der Erstgeborene, ein schmaler und fast mädchenhaft wirkender Junge, besuchte das Darmstädter Pädagog. Seine Schwester Luise schrieb später: „Da werden sie bei uns in den Gymnasien großgezogen mit der Weisheit der Klassiker, ihr Kopf brennt von den Freiheitskriegen der Griechen und der römische Republikanismus wächst ihnen in Fleisch und Bein. Keiner unter ihnen, der sich nicht in eine wirklich gefühlte Glut von Bürgertugend und Bürgerstolz hineindeklamiert. Mit diesem Himmel in der Brust werden sie denn hineingestoßen in die wirkliche Welt, in unsere kleinlichen, engen Verhältnisse, in denen sich schon eine Schwalbe den Kopf einrennt, geschweige denn ein Adler. [...] Zwischen unserer sogenannten klassischen Bildung und Erziehung und unserem wirklichen Staatsleben klafft ein Abgrund, in den sich noch manche edle Jünglingsgestalt opfernd hinabstürzen wird; aber ob es ihm dadurch gelingt, das Vaterland zu retten, ist eine andere Frage."

Georg wählte nicht ohne Grund die freiheitliche Stadt Straßburg zum anschließenden Studium der Medizin. Er fühlte sich dem Volk und den Nöten der einfachen Menschen verbunden. Im Gegensatz zum napoleonischen Frankreich und zum Deutschland der Restauration war im Elsass noch immer die Revolution lebendig. Hier gab es eine „Société des Droits de l`Homme et du Citoyen" auf der Grundlage der Erklärung der Menschenrechte. Hier trafen sich Aktivistengruppen, zu denen bald auch Georg Büchner gehörte. Das letzte Studienjahr musste er jedoch in Gießen verbringen. Nach einer Vorschrift des Staates hätte er sonst seinen Beruf nie in Hessen ausüben dürfen. Der krasse Gegensatz zwischen Straßburg und dem als äußerst provinziell beschriebenen Gießen mit seiner obrigkeitlichen Willkür gab ihm den Rest. Büchner wurde zum Sozialrevolutionär. Er traf sich mit Friedrich Ludwig Weidig, Theologe und Kopf der hessischen Verschwörer in Gießen. Mit ihm gründete er in Darmstadt eine Sektion der revolutionären „Gesellschaft für Menschenrechte" und knüpfte Verbindungen zu anderen Verschwörergruppen. Schließlich verfasste Büchner eine anonyme Flugschrift, die die Landbevölkerung aufrütteln sollte. Der „Hessische Landbote", eine achtseitige Schrift, wurde heimlich unter Türen durchgeschoben, in Höfe geworfen und an anderen Stellen unauffällig ausgelegt.

„Friede den Hütten! Krieg den Palästen!" schrieb der Darmstädter Bürgersohn. „Das Leben der Vornehmen ist ein langer Sonntag, [...] Das Leben der Bauern ist ein langer Werktag." Dann rechnete er vor: „Im Großherzogtum Hessen sind 718.373 Einwohner, die geben an den Staat jährlich an 6.363.364 Gulden [...] Dies Geld ist der Blutzehnte, der von dem Leib des Volkes genommen wird. An 700.000 Menschen schwitzen, stöhnen und hungern dafür. Im Namen des Staates wird es erpresst, die Presser berufen sich auf die Regierung und die Regierung sagt, das sei nötig, die Ordnung im Staat zu erhalten [...] Seht nun, was man in dem Großherzogtum aus dem Staat gemacht hat; seht was es heißt: die Ordnung im Staate erhalten!" Revolutionen seien vor Gott und nach der Natur gerechtfertigt, schrieb Büchner. „Was aber sind die Verfassungen in Deutschland? Nichts als leeres Stroh, woraus die Fürsten die Körner geklopft haben!" Die Justiz nannte er die „Hure der Fürsten", die lediglich ein Mittel sei, die Bürger „in Ordnung zu halten, damit man euch besser schinde [...]".

Der Text war derart brisant, dass die du Thil'schen Regierungsbehörden sofort eine Hetzjagd auf die Hintermänner begannen. Wer nicht fliehen konnte, kam ins Gefängnis. Mehrere Jahre zogen sich die Prozesse gegen die gesamte Oppositionsbewegung hin. Friedrich Ludwig Weidig wurde im Gefängnis in der Darmstädter Rundeturmstraße zwei Jahre lang von dem besonders sadistischen Richter Konrad Georgi verhört und misshandelt. 1837 nahm er sich in seinem Verließ das Leben. Georg Büchner konnte rechtzeitig nach Straßburg fliehen. Doch nachdem man bei einer Hausdurchsuchung nichts finden konnte, kehrte er zurück in sein Elternhaus nach Darmstadt. Er wähnte sich in Sicherheit. In der Stille seines Zimmers wurde der Revolutionär zum Dichter. Während Polizisten das Wohnhaus in der Grafenstraße observierten und am Fenster zum Garten für alle Fälle eine Leiter lehnte, entstand innerhalb von nur fünf Wochen das erste Drama, das Büchner berühmt machte: „Dantons Tod". Darin diskutieren die Helden der französischen Revolution miteinander. Büchner schrieb Weltliteratur, die heute so modern wie damals erscheint. Im März 1835 floh er endgültig nach Straßburg, wo die Novelle „Lenz" und das Lustspiel „Leonce und Lena", eine Satire auf Kleinstaats-Krähwinkelei, entstanden.

Im Winter 1835 arbeitete Georg Büchner wie ein Besessener an seiner Doktorarbeit „Über die Schädelnerven der Flussbarben". Für seine Arbeit erhielt er die Doktorwürde der Universität Zürich und eine Dozentenstelle. Was für ein Glück im Unglück für den 23-jährigen hoffnungsvollen Arzt und Literaten: Er lebte nun in der Schweiz zusammen mit Freunden aus Hessen, und seine Braut aus Straßburg hatte versprochen, zu ihm nach Zürich zu ziehen. Doch Anfang 1837 fühlte er sich plötzlich krank. Nur wenige Wochen später, am 19. Februar, starb Büchner, noch nicht einmal 24 Jahre alt, an Typhus. Einer der großen Söhne Darmstadts starb verfemt und verfolgt fern seiner Heimat, weil er sich dort für menschenwürdige Verhältnisse eingesetzt hatte. Erst spät ließ ihm seine Heimatstadt Gerechtigkeit widerfahren und ehrte ihn mit der Stiftung zwei der heute bedeutendsten deutschen Literaturpreise: dem Georg-Büchner-Preis (1923) und dem Leonce-und-Lena-Preis (1968).

Wie in „Leonce und Lena" war Kleinstaats-Krähwinkelei auch das Thema des unsterblichen Stückes „Datterich", das der Darmstädter Lehrer und Dichter Ernst Elias Niebergall 1841 schrieb. Die Komödie in Darmstädter Mundart schaut hinter die Fassade der biedermeierlichen Idylle. Datterich, ein entlassener Finanzbeamter, ist ein Schnorrer. Auf seine naive Art stellt er in komischen Situationen die braven Bürger bloß, die ihren engen Horizont nicht bemerken und ihre kleine Welt nur von außen bedroht sehen – von den Franzosen oder den Liberalen. Die Darmstädter waren begeistert. Das Stück wurde bald mehrfach nachgedruckt. Dennoch konnte sich das Theater erst 21 Jahre später durchringen, das beliebte Stück auf die Bühne zu bringen.

Niebergall erlebte die erfolgreiche Uraufführung in Bessungen nicht mehr. Er starb bereits 1843 mit nur 28 Jahren.

Büchners Kritik im „Hessischen Landboten“ hatte die Regierung an ihrer empfindlichsten Stelle getroffen, weil sie der Realität entsprach. Und die Arbeits- und Lebensbedingungen wurden in diesen Jahren noch schwieriger. Durch verbesserte hygienische Bedingungen und den Fortschritt in der Medizin (seit 1807 war unter anderem die Pockenimpfung bei Kindern gesetzlich vorgeschrieben) wuchs die Bevölkerung wie nie zuvor. Der Geburtenüberschuss war gewaltig. Auf 1.000 Bewohner kamen 35 Geburten. Doch dem standen, vor allem auf dem Land, keine besseren Arbeits- und Ernährungsbedingungen gegenüber. Katastrophale Missernten verursachten Hungersnöte. Die gut gemeinte Einführung der Gewerbe- und Niederlassungsfreiheit in den Jahren 1821 und 1827 führte zu einem starken Konkurrenzkampf im Handwerk. Davon waren vor allem die Massenhandwerke Schuhmacher, Schneider und Tischler betroffen. Viele ehemals angesehene Meister waren gezwungen, als Tagelöhner zu arbeiten. Der neuen Konkurrenz waren sie nicht gewachsen: Händler brachten erste industrielle Fertigprodukte wie Möbel und Kleidung auf den Markt. Das Großherzogtum befand sich noch in der vorindustriellen Phase. Mitte der 1840er-Jahre existierten gerade einmal 26 industriell genutzte Dampfmaschinen im gesamten Land, von denen nur vier in Darmstadt standen. Demzufolge fehlten Arbeitsplätze für die Arbeitslosen und heranwachsenden geburtenstarken Jahrgänge.

Zuerst waren es viele Verfolgte der staatlichen Willkür und Gängelung, die ihre Rettung in der Schweiz, in Frankreich und Nordamerika suchten und fanden. Bald trieben auch die Hungersnöte und die Armut Tausende ins Ausland. Da im Umland die Not wesentlich größer war, kamen die Auswanderer hauptsächlich vom Land. Allein in den Jahren 1845 und 1846 kehrten über 7.400 Menschen Hessen-Darmstadt den Rücken. Die Residenz selbst verließen in dieser Zeit nur etwa 20. In den amerikanischen Bundesstaaten Indiana und Illinois entstanden zwei Siedlungen mit dem Namen Darmstadt. Zu den Gründern gehörten aber nur wenige Darmstädter – die meisten stammten aus Dietzenbach und anderen hessischen Gemeinden. Zwei Jahre später folgten ihnen noch 98 Darmstädter, die Armenunterstützung erhielten, nach New York und New Orleans. Ein extra zu diesem Zweck gegründetes „Comité für die Unterstützung hilfsbedürftiger Auswanderer der Stadt“ hatte 7.000 Gulden gesammelt. Von diesem Geld bezahlten die Stadtväter die Überfahrt der Abgeschobenen. Bei der Landung erhielt jeder der Erwachsenen vier und jedes Kind zweieinhalb Dollar als Handgeld. Sofern sie die Überfahrt überhaupt überlebt hatten, denn auf diesen Schiffspassagen waren die hygienischen Zustände katastrophal: Nahrung, sauberes Wasser und Medikamente reichten meist nicht.

Ob die Armen wirklich auswandern wollten, ist nicht überliefert. Viele Landgemeinden und die Regierung unterstützten die Auswanderung der Bedürftigen. Der Grund war einfach: Auf diese Weise entledigten sich die Gemeindeväter der finanziell immer drückender werdenden Verpflichtung zur Armenhilfe. So schickte die Gemeinde Groß-Zimmern auf ihre Kosten sogar ein Viertel ihrer Einwohnerschaft, immerhin 700 Menschen, nach New York und überließ sie dort ihrem Schicksal. Proteste und Vorgaben der Amerikaner, die um die deutschen Bauern und Handwerker warben und den oft elenden Zustand der Reisenden geändert sehen wollten, brachten nicht viel. Die du Thil'sche Regierung bewies zum wiederholten Male ihre menschenverachtende Einstellung und lehnte die Verantwortung dafür ab. In den ersten 60 Jahren des 19. Jahrhunderts gingen schätzungsweise zehn Prozent der Hessen nach Übersee. Die genaue Anzahl der Ausgewanderten lässt sich nicht mehr ermitteln. Aber etwa ein Drittel der heutigen Einwohner der USA soll von deutschen Vorfahren abstammen, von denen ein erheblicher Teil aus Hessen gekommen sein dürfte.

In dieser Zeit war ein anderer Hesse aus Darmstadt damit beschäftigt, die Voraussetzungen für eine moderne Landwirtschaft zu schaffen, um die ewig wiederkehrenden Hungerkatastrophen endlich besiegen zu können. Justus Liebig, als Sohn eines Drogisten und Farbenhändlers in der Altstadt aufgewachsen, hatte als Zehnjähriger eine solche Hungersnot selbst miterlebt. Justus schaute seinem Vater bei der Herstellung von Lacken und Firnissen über die Schulter und trieb sich schon als kleiner Junge lieber in den Werkstätten der Gerber, Färber, Schmiede und Messinggießer herum, als in die Lateinschule zu gehen. Mit wenig Enthusiasmus hielt er am Darmstädter Pädagog bis zu seinem 16. Geburtstag durch. Eine eigenhändig bei einem Seifensieder hergestellte Seife begeisterte ihn hundertmal mehr als ein Text der klassischen Philosophen. Es war die praktische Chemie, die ihn faszinierte. Am Pädagog bescheinigte ihm ein Lehrer: „Du bist ein Schafskopf! Bei Dir reicht es nicht mal zum Apothekenlehrling." 1819 ermöglichte ihm sein Vater ein Studium der Chemie. Was ihm nicht leicht fiel, denn Justus hatte noch sieben Geschwister. Doch er war schon als Student derartig erfolgreich, dass ihm Großherzog Ludwig I. ein Stipendium für die Pariser Sorbonne gewährte. Mit 21 Jahren hatte Liebig bereits Entdeckungen gemacht, die in der internationalen Fachwelt Aufsehen erregten. Auf Alexander von Humboldts Empfehlung an den Großherzog wurde der junge Doktor als außerordentlicher Professor an die Universität Gießen berufen. Er erforschte die chemischen Vorgänge im Boden, in den Pflanzen und wie die Pflanzen sich ernähren. 1840 veröffentlichte er sein Buch, das die Landwirtschaft revolutionierte: „Die organische Chemie in ihrer Anwendung auf Agricultur und Physiologie". Dank des künstlichen Düngers kann heute auf Äckern acht bis zehn Mal so viel geerntet werden wie zu Liebigs Zeiten. Die letzten großen Hungersnöte aufgrund von Missernten suchten Darmstadt und Südhessen Mitte des 19. Jahrhunderts heim. Der Junge aus der Altstadt, dem sein Lehrer einst den Intellekt eines „Schafskopfes" attestiert hatte, wurde 1845 mit dem Freiherrentitel geadelt und gilt heute als der international bedeutendste und erfolgreichste Chemiker seiner Zeit.

Die Revolution im Jahr 1848, die in anderen Teilen Deutschlands viele Tote kostete, verlief in Darmstadt vergleichsweise ruhig. Die Februar-Revolution in Frankreich ermunterte den liberalen Abgeordneten Heinrich von Gagern, in einer Rede einen Wechsel des Regierungssystems zu fordern. Und nicht nur das. Zuerst sollte der beim Volk so verhasste despotische Staatsminister du Thil verschwinden. Von Gagerns Rede erhielt großen Beifall. Die Regierung wurde nervös und reagierte übertrieben: Sie versetzte das Militär in Alarmzustand. Kleinere Krawalle in Darmstadt waren die Folge. In einer Massenveranstaltung von 20.000 Nassauern und rheinhessischen Bürgern in Wiesbaden drohten die Demonstranten, auch nach Darmstadt zu marschieren. Dem Landesherrn wurde eine Liste von Forderungen übermittelt. Aus Angst vor noch mehr Aufruhr gab der Großherzog nach. Einige der Forderungen erfüllte er. Du Thil wurde am 5. März durch den neuen Staatsminister von Gagern ersetzt. Meinungsfreiheit, breiteres Wahlrecht, Bürgernähe und mehr Transparenz der Justiz wurden versprochen. Daraufhin brach ein Jubel unter den Aufständischen aus. Sie sagten den Marsch auf Darmstadt ab und feierten. Die Mehrheit der Residenzbewohner und Abgeordneten feierten nicht nur ihren Sieg. Sie feierten auch ihren Großherzog mit einem lang anhaltenden „Lebe hoch!"

Südlich von Hessen-Darmstadt gingen die Kämpfe weiter. Radikale Bürger, Bauern und Studenten in der Rheinpfalz und in Baden gaben sich nicht mit Versprechungen zufrieden. Sie kämpften bis zuletzt für die Einführung einer demokratischen deutschen Republik. Die erfolglose Frankfurter Nationalversammlung (deren erster Präsident von Gagern wurde) unterstützte sie jedoch nicht. Die Parlamentarier, die eine moderne Verfassung mit einem Grundrechtekatalog für alle Bürger ausgearbeitet hatten, scheiterten mit der angestrebten „Reichseinigung von unten": Der preußische König Friedrich Wilhelm IV. lehnte die ihm angetragene Kaiserkrone ab. Diese „Krone aus der Gosse", erklärte er, sei mit dem „Ludergeruch der Revolution" behaftet. 1849 war die Revolution gescheitert. Mehr als hundert Abgeordnete der Nationalversammlung flohen vor dem Zorn des Königs und des Volkes. Ein Jahr später war der Betrug an den Darmstädtern perfekt: Die konservative Regierung unter Ministerpräsident Reinhard von Dalwigk machte die meisten Versprechungen rückgängig und führte das alte Dreiklassenwahlrecht wieder ein.

V. „Industriestaat", Arbeiterorganisationen und Frauenrechte auf dem Vormarsch

Während in England, Frankreich, Preußen und Sachsen die industrielle Revolution bereits in vollem Gange war, herrschte in einigen hessischen Regionen eine latente Industriefeindlichkeit. Besonders die Patrizier in Frankfurt am Main wollten anscheinend an der jahrhundertealten Tradition der Stadt als zentraler Ort für Handel, Bankgewerbe und Handwerk festhalten. In Frankfurter Manufakturen wurde noch lange von Hand gefertigt, als woanders bereits Maschinen zum Alltag gehörten. Die Industriefeindlichkeit der Messestadt und das die Region prägende Bauerntum verschaffte den kleineren benachbarten Städten im Rhein-Main-Gebiet einen Vorsprung bei der Industrialisierung. Darmstadt erkannte ebenso wie Rüsselsheim, Offenbach, Hanau und Höchst die Chance. Hier entwickelten sich typische Industriebranchen – die chemische Industrie und der moderne Maschinen- und Gerätebau. Eine industrielle Revolution fand jedoch nicht statt, es war eher eine langsame Entwicklung, ein kontinuierliches Wirtschaftswachstum. In den 1850er-Jahren lebten in Darmstadt nur fünf Prozent der Bewohner von der Lohnarbeit, 58 Prozent waren Staatsdiener, Pensionäre und Rentner. Der Rest verteilte sich im Wesentlichen auf Militär, Handel und Handwerk. Dies war die Ausgangslage, als die Industrialisierung Mitte des 19. Jahrhunderts auch Darmstadt erreichte.

Besonders gefördert wurde die Industrialisierung der Stadt durch den Bau der Eisenbahn. Darmstadt hatte das große Glück, an einer der ersten Eisenbahnstrecken Deutschlands zu liegen. Diesen Vorteil verdankten die Darmstädter vor allem ihrem eigenen Engagement: 1836 gründeten Bürger aus der Residenzstadt die „Eisenbahngesellschaft für das Großherzogtum Hessen", um den Bahnbau zu planen und zu finanzieren. Auch in Frankfurt und Wiesbaden wurden „Eisenbahn-Komitees" gegründet. Das Interesse der Bevölkerung an diesen Projekten war riesig. Der Verkauf der Aktien löste unter den Interessenten Tumulte aus, weil sie ahnten, was für eine Goldgrube das neue „Ungeheuer auf Rädern" sein würde. In Darmstadt zeichneten allein am Gründungstag 346 Mitglieder Aktien für 473.550 Gulden. Am 27. Juli 1846 war es soweit: Die Main-Neckar-Bahn startete zur Probefahrt und wurde von den Menschen, die entlang der Gleise warteten, bejubelt. Hier war nichts zu spüren von der ganz am Anfang in England, dem Ursprungsland

Der heutige Hauptbahnhof am Platz der Deutschen Einheit wurde um die Jahrhundertwende errichtet und ersetzte die alten Bahnhöfe am Steubenplatz, die zu klein geworden waren. Im Jahre 2004 erhielt er seine im Krieg zerstörte historische Innengestaltung zurück.

der Eisenbahn, von Kritikern prophezeiten Unruhe und einem Unwohlsein in der Bevölkerung und beim Vieh auf den Weiden beim Anblick der dampfenden und ratternden Lokomotive. Ein paar Tage später konnten die Darmstädter dann schon zweimal täglich nach Frankfurt und Heidelberg fahren. Natürlich war das ein enormer Zeitgewinn gegenüber der Fahrt mit der Postkutsche. Ganz abgesehen davon, dass die Fahrt auf Schienen sehr viel bequemer war als auf den schlecht ausgebauten Landstraßen.

1852 kam die Main-Weser-Bahn Richtung Norden hinzu, und 1875 folgte die Odenwaldbahn, die Darmstadt mit Erbach und Eberbach am Neckar verband. Innerhalb kurzer Zeit wurde das hessische Schienennetz soweit ausgebaut, dass die Darmstädter außer Frankfurt und Heidelberg auch Gießen, Marburg, Kassel, Mainz, Worms, Aschaffenburg und die anderen wichtigen deutschen Städte erreichen konnten. Zunächst wurde die Bahn hauptsächlich zur Personenbeförderung benutzt – die ersten Pendlerströme aus weiter entlegenen Kleinstädten erreichten Darmstadt. Die Bedeutung für den Gütertransport unterschätzten viele Beteiligte. Am Anfang hielten die Ingenieure den Bau eines Güterschuppens am Bahnhof für überflüssig. Der Frachtfuhrmann Hegendörfer würde sowieso alle Woche zweimal nach Frankfurt fahren, meinten sie. Doch bereits wenige Jahre nach Eröffnung der Bahnstrecke hatte sich der gesamte Güterverkehr der Stadt Darmstadt verzehnfacht und stieg 30 Jahre später mit über 1.900.000 Zentnern auf das Hundertfache.

Die erste Dampfmaschine des Großherzogtums nahm 1831 in der Neuen Münze am Mathildenplatz ihren Betrieb auf. 30 Jahre später arbeiteten in ganz Hessen-Darmstadt 113 Dampfmaschinen. Das war im Vergleich zum Ruhrgebiet oder gar England eher bescheiden. Doch die Industrialisierung der Betriebe ließ sich nicht mehr aufhalten. Untrennbar damit verbunden ist der Firmenname Merck, des heute ältesten pharmazeutisch-chemischen Unternehmens der Welt.

Die chemisch-pharmazeutische Fabrik Emanuel Merck gehört seit dem 19. Jahrhundert zu den bedeutendsten Industriebetrieben Darmstadts. Schnell stieg sie zu einem weltumspannenden Unternehmen auf. Begonnen hatte diese Erfolgsgeschichte mit dem wissenschaftlichen Ehrgeiz von Johann Justus Merck. Der Besitzer der Engel-Apotheke gehörte zu den ersten Apothekern, die sich für eine wissenschaftliche Ausbildung für ihren Beruf einsetzten. Er wollte nicht länger Pulver und Salben nur auf der Grundlage der herrschenden Volksmedizin zusammenmischen. Zu oft machten dabei auch Quacksalber ihre Geschäfte mit wirkungslosen oder sogar gefährlichen Mitteln. Sein Enkel Heinrich Emanuel konnte bereits Pharmazie an den Universitäten in Berlin und Wien studieren. Nach dem Studium übernahm der gerade erst 22-jährige 1816 die väterliche Apotheke und begann mit seinen Forschungen. Aus Pflanzen gewann er deren Heilsubstanzen und produzierte sie in großen Mengen. Er extrahierte u.a.

Der Darmstädter Chemie- und Pharmakonzern Merck an der Frankfurter Landstraße ist seit 150 Jahren ein Pionier der Pharmaindustrie. Heute ist er Weltmarktführer bei der Produktion von Flüssigkristallen für Flachbildschirme und Krebsmedikamenten und erwirtschaftet jährlich Milliarden-Umsätze.

stickstoffhaltige Pflanzenwirkstoffe, so genannte Alkaloide, das Schmerzmittel Morphin aus dem Schlafmohn und das Herzmittel Strychnin aus der Brechnuss. Die Nachfrage nach seinen Heilmitteln stieg rasant an. Merck entwickelte industrielle Herstellungsmethoden und steigerte die Produktion innerhalb von zehn Jahren um das Zehnfache.

1842 fand die erste räumliche „Expansion" in das Gartengelände am heutigen Mercksplatz statt. Der Jahresumsatz der Firma soll im Jahr 1877 zwei Millionen Mark betragen haben. Mercks Produkte waren auf dem internationalen Markt gefragt: Allein der Absatz nach Italien soll 1877 einen Wert von fast 200.000 Mark repräsentiert haben. Weitere Handelspartner saßen in der Schweiz, Belgien, den Niederlanden, Russland und Frankreich. Den europäischen Partnern folgte 1887 die Eröffnung einer Niederlassung in New York, aus der das heute eigenständige Pharmaunternehmen Merck & Co. hervorging. Um 1900 arbeiteten 1.000 Beschäftigte in der Darmstädter Zentrale von Merck, und das Unternehmen war mittlerweile auf allen Kontinenten vertreten.

Weitere wichtige industrielle Arbeitgeber der Stadt waren die Maschinenfabrik und Eisengießerei Darmstadt-Aktiengesellschaft (die Dampf- und hydraulische Maschinen, Eisenguss- und Blecharbeiten herstellte) sowie etliche weitere Eisen- und Maschinengießereien, mehrere Hut- und Hemdenfabriken, eine Tapetenfabrik, Spielkarten- und Landkartendruckereien sowie ein Streichhölzerproduzent, der die vom Merck-Chemiker und Lehrer an der Darmstädter Gewerbeschule Friedrich Moldenhauer erfundene Phosphorzündmasse verwendete. Außerdem gab es einige bedeutende Samenhandlungen und Klenganstalten für Grassamen und Futtergräser. Die Darmstädter spielten bald auf dem großen Industriellen-Parkett mit, wenn auch nicht an der Spitze. Doch dabei sein ist ja bekanntlich alles: Auf der Weltausstellung in London 1851 waren unter 74 deutschen Ausstellern 12 Unternehmen aus Darmstadt – für die kleine Residenz eine beachtliche Leistung. Ein Darmstädter Beamter kommentierte damals voller Stolz: „Das Großherzogtum ist in die Reihe der Industriestaaten eingetreten." Da scheint es nur konsequent, dass damals auch die erste deutsche Aktienbank, die „Bank für Handel und Industrie", die spätere „Darmstädter Bank", in der Residenzstadt gegründet wurde.

Nicht nur die Unternehmer brachten die Wirtschaft in Darmstadt voran. Auch die Stadtväter blieben nicht untätig. Um die Versorgung der aufstrebenden Industriebetriebe mit Energie sicherzustellen, übernahm die Stadt 1880 das bis dahin privat betriebene Gaswerk. Einige Jahre später kam auch das Elektrizitätswerk in kommunalen Besitz. Es befand sich in der von Professor Kittler geplanten „Centralstation für elektrische Beleuchtung" in der Nähe des Luisenplatzes. Am Anfang reichte seine Leistung für 7.500 Glühlampen – wovon alleine 2.486 im Hoftheater brannten. Der Bau der

Elektrostraßenbahn wurde zügig vorangetrieben und ebenfalls bald von der Stadt übernommen. 1897 fuhren die ersten elektrisch betriebenen Wagen durch die Innenstadt.

Die hessen-darmstädtische Regierung dagegen, die Anschluss an die modernen politischen Tendenzen suchte, die die wirtschaftliche Entwicklung gestärkt hätten, wagte nur halbherzige Schritte. Der Wegfall bestimmter Zollschranken (bei Weiterbestand zahlloser Zölle und Steuern) sowie die Einschränkung der Zunftprivilegien (bei fortbestehender Zunftstruktur ohne echte Gewerbefreiheit) verzögerten die industrielle Entwicklung. Die neuen Arbeitsplätze wurden von der rasch wachsenden Bevölkerung und den von Hungersnöten geplagten Bauern dringend benötigt. Es kam zu einem massenhaften Zuzug von Arbeitskräften in die Stadt. Darmstadts Bevölkerung nahm innerhalb von 20 Jahren um 52 Prozent auf 48.800 Einwohner im Jahr 1880 zu. Die späte Industrialisierung hatte auch einen Vorteil: Die Ausbeutung von billigen Arbeitskräften und sogar Kindern – die zu Massenelend, Krankheiten und frühem Tod der Arbeiter und ihrer Familien führte – nahm in Hessen nicht solch extreme Formen an wie in den frühen Hochburgen der Industrialisierung wie zum Beispiel Manchester, London oder Berlin. Doch auch in Darmstadt zeigten sich bald die negativen sozialen Folgen frühkapitalistischer Unternehmensführung.

Zunächst ging tatsächlich die Arbeitslosigkeit zurück. Doch die geringen Löhne und harten Arbeitsbedingungen erlaubten den Arbeiterfamilien nur eine sehr dürftige Lebensweise. Drei Viertel des Lohnes mussten für Essen und Wohnen ausgegeben werden. Von Montag bis Samstag arbeiteten die Arbeiter täglich 14 Stunden (seit 1891 immer noch 12 Stunden). Der Alltag war von harschen Arbeitsordnungen – einschließlich der Androhung von Geldstrafen und fristloser Kündigung – bestimmt. In Darmstadt waren von der Armut vor allem die einfachen Leute in der Altstadt betroffen. Hier, im historischen Kern der Stadt, lebten viele verarmte Handwerker, Arbeiter, Beamte unterer Dienstgrade mit niedrigsten Gehältern, Dienstboten und Tagelöhner.

Die Gutverdienenden zogen seit Gründung der neuen Mollerstadt am Anfang des 19. Jahrhunderts in die neuen Viertel mit ihren besser ausgestatteten Häusern und Geschäften. Auch das ruhig und schön gelegene Bessungen am südlichen Stadtrand lockte die Oberschicht an. Die unmittelbare Nachbarschaft zum Orangeriegarten und Prinz-Emil-Schlösschen war attraktiv. Adlige, gut bezahlte Beamte, Großunternehmer und wohlhabende Pensionäre bauten sich repräsentative Villen in dem Viertel zwischen Wilhelminenstraße, Heinrichstraße und Heidelbergerstraße. Etwa um 1880 schloss das neue Viertel im Süden an den Ortskern von Alt-Bessungen an. Der älteste Ort im heutigen Darmstädter Stadtraum wurde im 19. Jahrhundert neben dem schnell wachsenden Darmstadt bald ein fester Bestandteil der Residenz. Dieses Zusammenwachsen und die Eingemeindung im April 1888 vereinte

Der Ortsteil Alt-Bessungen ist älter als Darmstadts Zentrum und aufgrund seines historischen Charmes vor allem bei Studenten und Akademikern als Wohnort begehrt.

Bessungen mit Darmstadt, das sich schon einmal im 14. Jahrhundert von dem alten Kirchdorf getrennt hatte. Doch jetzt begehrten die Alt-Bessunger gegen die Vereinnahmung auf. Jahrelang wehrten sie sich – vergeblich.

Die Altstadt südöstlich des Darmstädter Schlosses kann erst seit der Industrialisierung als solche bezeichnet werden. Denn bis dahin war dies die eigentliche Stadt Darmstadt. In ihren engwinkligen Gassen lebten kinderreiche Familien in kleinen Häusern in dunklen und feuchten Wohnungen, meist mit mehreren Personen in einem einzigen Raum, häufig ohne Wohnzimmer und Waschraum. Ledige hatten oft nur eine Schlafstelle in der Wohnung einer anderen Familie. Das Plumpsklo, dessen Grube regelmäßig von Bauern geleert wurde, befand sich meist im Hof. Das Wasser musste lange Zeit vom Ziehbrunnen an dem zentralen Platz, der „Insel", geholt werden. Die Frauen gingen in der Neustadt putzen und konnten ihre Familien mit kaum mehr als den Grundnahrungsmitteln Brot, Kartoffeln und dicken Suppen ernähren. Ab und zu gab es aussortiertes Obst oder Fleisch von der Fleischbank oder vom Pferdemetzger Will in der Obergasse. Wer Glück hatte, konnte im Hinterhof Hühner halten oder einen Platz an der Stadtmauer ergattern, um dort Gemüse anzupflanzen.

Um die Jahrhundertwende war ein Drittel der Altstadtbewohner unter 15 Jahre alt. Ein Dutzend Kinder in einer Familie war keine Seltenheit. Das Stadtbild war geprägt von diesem Kinderreichtum. Die meisten Straßen und Plätze standen den Kindern zum Spielen zur Verfügung, denn zu dieser Zeit fuhren dort selten Fahrzeuge oder Pferdefuhrwerke. Anfang des 19. Jahrhunderts war die Altstadt aufgrund der vielen kleinen Läden, Werkstätten und Gasthäuser der lebendigste Stadtteil Darmstadts, wie Niebergall in seinem Stück „Datterich" durchklingen lässt und wie viele gebürtige Altstädter in liebevollen Erinnerungen berichten. Der dörfliche Charakter der Altstadt führte bei den Bewohnern zu einem Gefühl der Zusammengehörigkeit und Abgrenzung gegenüber dem Rest der Stadt. Die Neustadt wurde demgegenüber zu dieser Zeit von Reisenden mit „bleierner Langeweile mit gähnenden Straßen, schläfrigen Häusern und öden Plätzen" beschrieben. In der Altstadt gab es viele Originale und (nicht nur verbal) schlagfertige Jungen. In dieser Zeit soll der Ausdruck „Heiner" für den gebürtigen Darmstädter entstanden sein. Damals war es ein Schimpfwort der Neustädter für die Altstädter, dessen Steigerung der „Flöh-Heiner" war.

Als die Altstadt aus allen Nähten zu platzen drohte, versuchte man Raum zu gewinnen, indem jede Lücke und möglichst viele Zwischenräume, auch Torbögen und Gärten überbaut und vom ersten Stock an überkragt wurden. Die niedrigen Mieten im Vergleich zur Neustadt ließen die Anwohnerzahl weiter ansteigen und die Enge immer unerträglicher werden. Die Stadtväter reagierten darauf mit mehreren Hausabbrüchen und Schaffung von Freiräumen. 1897 sprengten sie Häuser für einen Durchbruch durch die Altstadt für die erste elektrische Straßenbahn Darmstadts. Der größte Eingriff in die Altstadtstruktur wurde 1905 von der Stadtverordnetenversammlung beschlossen und noch im selben Jahr ausgeführt: Quer durch die Altstadt vom Schloss Richtung Osten wurden auf einer breiten Schneise mehrere Häuserviertel niedergerissen und die Landgraf-Georg-Straße gebaut. Die Durchbrüche zerschnitten die Altstadt und damit das Zusammengehörigkeitsgefühl der Bewohner der beiden Quartiere. Viele Menschen lebten gern hier, obwohl die Altstadt durch die große Zahl der zuziehenden Tagelöhner und Arbeitslosen am Ende des 19. Jahrhunderts immer mehr zum Armenhaus der Stadt wurde. Ähnlich erging es dem Martinsviertel. Im 18. Jahrhundert war es noch eine kleine bäuerliche Siedlung vor der Stadtmauer Darmstadts. Doch mit Beginn der Industrialisierung zogen auch hier viele Arbeit suchende Zuwanderer hin. Um die Jahrhundertwende vervierfachte sich die Zahl der Anwohner, die in drangvoller Enge zusammen mit Hühnern und Hausschweinen (so genannten Watzen) lebten. Der Volksmund fand schnell den passenden drastischen Namen und nannte es „Watzeviertel".

Die zunehmende Armut in den Arbeitervierteln der Stadt und die Hungersnöte im Umland veranlassten einige Darmstädter zu Spendenaufrufen und Gründungen von Unterstützungsvereinen. Ein „Damenverein für Unterstützung Armer", ein Verein der „Freunde in der Not" und verschiedene weitere Wohltätigkeitsvereine führten – zum Teil gemeinsam mit der städtischen Armenkommission – Suppenspeisungen und Wärmeräume ein. An den Ursachen der sozialen Probleme änderte dies jedoch nichts. Mehrere Unternehmer der Stadt versuchten ihre Arbeiter daher mit der Errichtung von Arbeiterwohnungen zu unterstützen. Fabrikant Carl Merck, Kaufmann Wilhelm Schwab, Bankier Otto Wolfskehl und andere gründeten zusammen mit dem Erbprinzenpaar 1864 einen „Bauverein für Arbeiterwohnungen". In den folgenden 45 Jahren baute dieser 2.000 Wohnungen. Der Industrielle Blumenthal gründete die „Terrain- und Baugesellschaft" und zog in der Hektik der Gründerjahre in kürzester Zeit das Johannesviertel zwischen Frankfurter Straße und Kasinostraße hoch. Es wurde im Krieg kaum zerstört, daher sind noch heute die üppig dekorierten Fassaden der Gründerzeit erhalten.

Die ständig wachsende Schicht der Arbeiter wurde sich ihrer miserablen Situation langsam bewusst. Arbeiterorganisationen erhielten kontinuierlichen Zulauf. Nach der 1848er-Revolution wurden etliche Turn-, Gesangs- und Arbeitervereine in Hessen-Darmstadt ins Leben gerufen. Deren Mitglieder turnten und sangen nicht nur, sondern verfolgten auch demokratische Ziele. Erste Gewerkschaften entstanden, die mehr Rechte für die Arbeiter forderten. 1863 hatte der Arbeiterführer Ferdinand Lassalle in Frankfurt am Main den Allgemeinen Deutschen Arbeiterverein gegründet. Doch die Aktivisten wusste, dass bessere Gesetze allein nicht ausreichen würden. Wenn die Arbeiter ihre Interessen selbst vertreten und umsetzen wollten, dann brauchten sie vor allem eine wichtige Voraussetzung: eine bessere Bildung. Am 6. Februar 1868 traf sich eine Gruppe von Handwerkern, Arbeitern und Akademikern, um den Darmstädter Arbeiterbildungsverein zu gründen. Initiator war der Arzt und Philosoph Ludwig Büchner, Bruder des Revolutionärs Georg Büchner, der eine flammende Rede hielt: „Der erste Schritt zur Freiheit ist die Bildung und ohne sie ein wahrer politischer Fortschritt, eine wirkliche Freiheit gar nicht möglich oder sogar verderblich, da sie uns den Gefahren einer rohen Pöbelherrschaft preisgibt", erklärte Büchner auf der Versammlung. Und weiter: „Der ganze Zug der Zeit drängt nach einer möglichsten Beteiligung aller am Aufbau des Gemeinwesens, an der Förderung des Staatswohls. Wie aber soll dies möglich sein ohne eine größere Verbreitung allgemeiner Bildung, welche ja allein den Einzelnen lehren kann, die Zwecke des Ganzen zu begreifen und danach zu handeln. Ganz abgesehen von dem großen materiellen Nutzen, welchen ein gewisser Grad von Bildung dem Arbeiter und Handwerker in seinem täglichen Arbeits- und Geschäftsleben zu bringen im Stande ist." Der Zweck des Arbeiterbildungsvereins war, neben den politischen Aktivitäten, vor allem das Organisieren von Vorträge und Fortbildungsveranstaltungen für Arbeiter und die Menschen, die nur wenige Jahre eine meist schlechte Schulbildung genossen hatten. Für viele Mitglieder existenziell wichtig war auch die vom Arbeiterverein ins Leben gerufene Allgemeine

Das Gasthaus „Krone" ist das einzige nach den Bombenangriffen des Zweiten Weltkrieges erhalten gebliebene Altstadthaus. Vor dem Lokal steht heute eine Plastik, die den Darmstädter „Heiner" darstellt.

Arbeiter-Kranken- und Sterbekasse für Darmstadt und Bessungen. Ludwig Büchner wurde auf der ersten Hauptversammlung des Vereins zum Präsidenten gewählt. In vielen Bereichen setzte er in die Praxis um, wofür sein Bruder gut drei Jahrzehnte zuvor ideell gekämpft hatte.

Nicht nur die Arbeiter hatten ein Bildungsproblem. Es gab eine weitere große Bevölkerungsgruppe, die aufgrund schlechter Volksschulbildung und mangelnder beruflicher Betätigungsmöglichkeit gesellschaftlich benachteiligt war: die Frauen. Bis Mitte des 18. Jahrhunderts interessierte sich kaum ein Mensch in Deutschland für eine gute Schulbildung für sie. In den wenigen städtischen Volksschulen wurden beide Geschlechter zusammen unter meist chaotischen Zuständen unterrichtet. Die Klassen waren überfüllt, die Lehrer oft überfordert und schlecht bezahlt, so dass sie auf Einkünfte anderer Tätigkeiten angewiesen waren. Während bislang die Arbeit der Frauen in Landwirtschaft und in handwerklichen Familienbetrieben selbstverständlich und unverzichtbar gewesen war, propagierten die neu etablierten Naturwissenschaften ab dem 19. Jahrhundert einen besonderen „Geschlechtscharakter" der Frau. Aufgrund dessen sei sie vor allem für Ehe, Mutterschaft und Familie geeignet. Größere geistige Fähigkeiten wurden ihr abgesprochen, weshalb auch eine umfassende Bildung nicht notwendig sei. Dieses neue gesellschaftliche „Ideal" der Frau stand jedoch in krassem Gegensatz zur Realität: Durch millionenfache Auswanderung, Kriegstote und -verwundete im 19. Jahrhundert gab es deutlich mehr Frauen als Männer im Land. Die Hälfte aller Frauen im gebärfähigen Alter war nicht verheiratet – demgegenüber war nur ein Sechstel der Männer ledig. Vielen Frauen blieb einfach nichts anderes übrig, als für sich selbst zu sorgen.

Beflügelt durch die Aufklärung, die eine erste kurze Phase der Frauenemanzipation bewirkte, war in Darmstadt bereits 1783 die erste Stadtmädchenschule gegründet worden, zu der später noch drei hinzukamen. In den Klassen herrschte dennoch drangvolle Enge. Um der Überfüllung Herr zu werden und den Darmstädter Bürgertöchtern eine höhere Bildung zu ermöglichen, beschloss die Regierung 1829 die Gründung der ersten öffentlichen Mädchenschule mit einem höheren Bildungsgang (die spätere Viktoriaschule). Die Mädchen aus den unteren Schichten waren hier unerwünscht: Die Stadt verlangte ein hohes Schulgeld, um für die ärmeren Kinder den Schulbesuch unerschwinglich zu machen. Doch auch für die Mittelstandstöchter war dieses Angebot höchstens eine schöne Beschäftigung, um die Allgemeinbildung zu pflegen. Nicht gelehrt wurden die Fächer Mathematik, Griechisch und Latein, die Voraussetzung für das Abitur und damit die Zugangsberechtigung zur Universität waren. Bis 1908 war der Abschluss an „Höheren Töchterschulen" in Deutschland nicht generell mit der Zulassung zu einem Hochschulstudium verbunden. Frauen durften sich lange Zeit nur für die Erziehungsberufe Gouvernante und Lehrerin qualifizieren. Und dies auch nur dann, wenn ihre Väter es ihnen erlaubten, weil sie entweder modern dachten oder es wirtschaftlich notwendig war.

Luise Büchner, die Schwester von Georg und Ludwig, litt darunter, dass ihr der weiterführende Schulunterricht verwehrt wurde, der für ihre Brüder selbstverständlich war. Und dies, obwohl die Büchners zu den fortschrittlichen Familien Darmstadts gehörten. Doch Luise war zu intelligent, um ihre Fähigkeiten nicht zu nutzen. Durch Selbststudium und Beharrlichkeit eignete sie sich eine ungewöhnlich hohe Bildung an. Dass sie als Schriftstellerin, Journalistin, Dozentin und Verbandsaktivistin zur herausragenden Frau der hessisch-darmstädtischen Geschichte wurde, verdankte sie ihrer eigenen Initiative. Sie machte die Erfahrung, dass die Frauen nur durch eine gute Schul- und Berufsausbildung zu ihren Rechten in der Gesellschaft gelangen könnten und ging mit entsprechenden Forderungen an die Öffentlichkeit. Sie hielt Vorträge, publizierte Artikel und Bücher, die Aufsehen erregten. Eines Abends war sie bei Jenny Hirsch, ihrer Freundin und Mitherausgeberin der Frauenverbandszeitschrift, mit anderen gesellschaftlich engagierten Freunden eingeladen. Als man wieder einmal die politische Lage diskutierte und auch auf die Frauenfrage zu sprechen kam, sagte der Frankfurter Verleger Karl Meidinger, er werde seinen Freund, den Literaten Karl Gutzkow, bitten, ein Buch zu diesem wichtigen Thema zu verfassen.

Luise Büchner, der er aus der Seele gesprochen hatte, konnte nicht an sich halten und sagte, dieses Buch werde Gutzkow ihm nicht schreiben, so gescheit er auch sei. Auf die erstaunte Nachfrage des Buchhändlers, weshalb nicht, erklärte sie spontan, dass sie es tun werde. Nur eine Frau verstehe es, darüber zu berichten. Das daraufhin 1855 erschienene Buch „Die Frauen und ihr Beruf" erreichte fünf Auflagen. Obwohl es anonym erschien, wurde Luise Büchner dadurch deutschlandweit so bekannt, dass sie bei der Gründung des „Allgemeinen Deutschen Frauenvereins" 1865 in Leipzig in den Vorstand gewählt wurde.

In ihrer Verbandsarbeit hatte sie engen Kontakt mit Louise Otto-Peters, der Hauptinitiatorin der deutschen Frauenbewegung. Bei einer Konferenz in Berlin war Luise Büchner Co-Referentin des renommierten Mediziners und Politikers Rudolf Virchow. Doch sie blieb nicht bei der Theorie. Unermüdlich engagierte sie sich, ihre Forderungen in die Realität umzusetzen. Im Jahr 1867 gründete sie gemeinsam mit der Darmstädter Großherzogin Alice den Alice-Verein für Krankenpflege, der bereits zwei Jahre später 33 Lokalvereine mit 2.500 Mitgliedern umfasste. Hier sollten Frauen als weltliche Krankenschwestern ohne konfessionelle Bindung ausgebildet werden. Die erste Heilanstalt, die vom Frauenverein übernommen werden konnte, war das so genannte Mauerspitälchen im Achteckigen Haus an der Mauerstraße. Die Leitung lag vorher bei neun Darmstädter Ärzten. Weshalb der Darmstädter Volksmund trotz angeblich guter Heilerfolge den Spitznamen „Die Neuntöter" erfand. Zu dieser Zeit wurde die Büchner Vizepräsidentin des Alice-Vereins für Frauenbildung und Erwerb. Zu diesem Verein gehörte auch die Alice-Schule, die Vorgängerin der heutigen Alice-Eleonoren-Schule. Bei der Eröffnung Ostern 1875 gab es 18 Anmeldungen, zwei Jahre später büffelten hier bereits 60 Mädchen. Obwohl die Öffentlichkeit und die Behörden das Projekt anfangs skeptisch beurteilten und ihm keine lange Dauer zutrauten, war der Andrang bei den Anmeldungen riesig. Die Schule bot Ausbildungslehrgänge für Handarbeitslehrerinnen an, die gebraucht wurden, weil das hessische Volksschulgesetz inzwischen den Handarbeitsunterricht für alle Mädchenschulen zum Pflichtfach gemacht hatte.

Luise Büchner legte neben berufsqualifizierenden Kenntnissen von Anfang an großen Wert auf die Allgemeinbildung der Mädchen. So forderte sie unter anderem „eine gründliche Kenntnis der Weltgeschichte", ein Thema, mit dem sie sich auch selbst eingehend befasste. Sie hielt seit 1860 in ihrer Wohnung private Geschichtsvorlesungen für bis zu 20 Frauen und Mädchen. Nach der Gründung des Alice-Lyceums unterrichtete sie dort als einzige weibliche Lehrkraft und publizierte ihre Geschichtsvorlesungen als Buch. Ihre „Deutsche Geschichte von 1815 bis 1870" basierte auf einer sozialen Weltanschauung und wurde unter anderem in Russland verboten. Am Darmstädter Hof stieß es auf wohlwollendes Interesse. Ebenso bei der als liberal bekannten preußischen Kronprinzessin Viktoria, die ihre Schwester Großherzogin Alice in Darmstadt öfter besuchte. Luise Büchner verkehrte am Darmstädter Hof, denn sie und Alice hatten sich 1866 bei der Einrichtung der Lazarette für die Kriegsverwundeten kennen und schätzen gelernt. Es muss wohl Sympathie auf den ersten Blick gewesen sein. Denn schon bald arbeiteten sie eng zusammen. Die bürgerliche Frauenrechtlerin fand in der fürstlichen Sozialreformerin aus England die ideale Partnerin für die Umsetzung ihrer Ideen in der Residenz.

Alice war die zweite Tochter der britischen Queen Victoria. Der Thronfolger Ludwig IV. hatte sie 1862 geheiratet und nach Darmstadt geholt. Durch den frühen Tod der Großherzogin Mathilde war die erst 19-jährige automatisch die wichtigste Frau am Darmstädter Hof. Anfangs waren die Darmstädter, vor allem die Stadtverordneten, skeptisch gegenüber dem englischen „Import", und es brauchte eine Weile, bis Alice ihre liberalen Vorstellungen von sozialer Gerechtigkeit und Frauenbildung zu Gehör bringen konnte. Der konservativ-autoritäre Ministerpräsident Reinhard von Dalwigk hätte die sozial gesonnene englische Prinzessin im Darmstädter Palais sicher ebenso gerne kaltgestellt, wie der preußische Kanzler Bismarck dies mit ihrer liberalen Schwester Viktoria in Berlin getan hatte. Alices soziales Engagement war beispielhaft für eine Fürstin. Sie ging in Darmstadts Armenviertel und half dort den Kranken und Schwachen, zum Beispiel bei der Pflege eines Säuglings oder einer kranken Mutter. Sie hatte einen regen Briefwechsel mit Florence Nightingale, die sie in England kennen gelernt hatte. Ebenso stand sie in Kontakt mit englischen Frauenrechtlerinnen. Ihre ältere Schwester Viktoria, die 1858 den späteren Kaiser Friedrich III. geheiratetet hatte und sich in Berlin ebenso rührig für die Frauenfrage engagierte, hielt engen Kontakt mit ihr. Die beiden Schwestern hatten ihre Erfahrungen aus ihrer englischen Heimat mitgebracht, wo die organisierte Frauenbewegung ihren Anfang genommen hatte und die Frauen fast drei Jahrzehnte früher als in Deutschland offiziell studieren durften.

1908 wurde im Deutschen Reich die Immatrikulation von Frauen an Hochschulen zugelassen. Auf dem steinigen Weg dahin spielten zwei Darmstädter Ärztinnen eine wichtige Rolle. Sie schrieben Universitätsgeschichte. Regina von Siebold wurde 1815 der Doktortitel honoris causa der Universität Gießen verliehen – die erste Ehrung dieser Art für eine Frau in der Geschichte der deutschen Universität und zu diesem Zeitpunkt noch außerhalb jeder offiziellen Regelung. Regina hatte ihrem Mann Damian von Siebold regelmäßig in der Arztpraxis und bei der Geburtshilfe assistiert und sich zusätzlich durch autodidaktische Studien ein umfangreiches Wissen in der Frauenheilkunde angeeignet. Da ihr Mann oft krank war, wollte sie offiziell den Beruf der Ärztin erlernen, um ihn und die siebenköpfige Familie besser unterstützen zu können. Da Frauen nicht studieren durften, bat sie ihren Schwiegervater und ihren Schwager, beide Professoren, ihr zu helfen. Sie gestatteten ihr, hinter einem Vorhang versteckt, ihre Vorlesungen über Frauenheilkunde zu verfolgen. Später bat Regina von Siebold den Großherzog um die Zulassung zur Staatsprüfung. Nach einem (wie man sich denken kann) „äußerst streng" durchgeführten, vierstündigen Examen erhielt sie 1807 die Erlaubnis, in Darmstadt als Ärztin für Geburtshilfe zu arbeiten. Sie praktizierte unermüdlich, versorgte ihre Familie und setzte sich auch für die arme Bevölkerung ein. Von den Patienten ebenso wie von einigen anderen Medizinern wurde sie für ihr großes Wissen und Engagement verehrt.

Die zweite Frau, die Universitätsgeschichte schrieb, war ihre Tochter Charlotte Heidenreich von Siebold, die als älteste Tochter ihre Mutter während deren studienbedingter Abwesenheit im Haushalt und bei der Beaufsichtigung der kleineren Geschwister unterstützte. Sie trat in ihre Fußstapfen, wurde ebenfalls Frauenärztin und durfte 1811 dank eines Sonderabkommens an der Universität Göttingen Vorlesungen besuchen. Charlotte war eine besonders intelligente und begabte Ärztin, und ihre Fähigkeiten sprachen sich bis in Adelskreise herum. So kam es, dass die Herzogin Victoria von Kent sie bat, die Geburt ihres Kindes zu betreuen. Die Herzogin, eine gebürtige Prinzessin von Sachsen-Coburg-Saalfeld und verwitwete Fürstin von Leiningen, hatte die letzten Schwangerschaftsmonate auf ihrem Schloss Amorbach südöstlich von Darmstadt verbracht. Hochschwanger musste sie nun nach England fahren, um dort das Kind zur Welt zu bringen. Ihre Nachkommen hatten Anspruch auf den englischen Thron, aber ein im Ausland geborenes Kind hätte diesen Anspruch verloren. Auf Wunsch der Fürstin begleitete Charlotte Heidenreich von Siebold sie auf diesem Weg. Gerade noch rechtzeitig vor der Niederkunft erreichte die Reisegruppe London, wo die Ärztin am 24. Mai 1819 im Kensington-Palast der kleinen Prinzessin auf die Welt half – dieses kleine Mädchen war die spätere Queen Victoria.

Gute ärztliche Behandlung war damals ein Privileg der Reichen und Vornehmen. Dagegen waren die Armen meist auf private Wohltätigkeit angewiesen. Auch Charlotte Heidenreich von Siebold engagierte sich wie ihre Mutter für die Frauen, die ihre Hilfe dringender benötigten. Sie ging oft in das Armenviertel und fuhr aufs Land, um Kinder in schmutzigen Wohnstuben auf dem Holzfußboden oder auf einem Kartoffelhaufen zu entbinden. Nicht nur als Ärztin, sondern auch als Mensch gingen ihr diese oft unhygienischen Verhältnisse sehr nah. Sie machte mehrere Eingaben an den Großherzog, damit endlich eine Entbindungsstation gebaut würde. Leider vergebens. Für die damalige Zeit hoch betagt, starb die engagierte Ärztin im Alter von 71 Jahren. Kurz darauf gründeten Freunde und dankbare Patientinnen aus dem In- und Ausland die „Charlotte-Heidenreich-von-Siebold-Stiftung" zur Unterstützung armer, kranker Wöchnerinnen aller Konfessionen aus

Darmstadt und Bessungen. Zu den Stiftern gehörten die Herzogin von Kent, die russische Zarin Maria Alexandrowna und natürlich Queen Victoria. Das Protektorat übernahm ab 1865 Prinzessin Alice, die Tochter Queen Victorias. Die Stiftung bestand fast 100 Jahre, bis sie während des Dritten Reiches samt ihrem Vermögen von 15.162 Reichsmark von der Stadt Darmstadt geschluckt wurde. Wenigstens eine Straße, die Heidenreichstraße, benannten die Stadtväter später nach Darmstadts berühmtester Ärztin.

Hessen-Darmstadt gehörte zu den wenigen deutschen Ländern, die sich standhaft der Einverleibung durch Preußen widersetzt hatten. Die nichtpreußischen Gebiete machten Ende des 19. Jahrhunderts nur noch ein Drittel der Fläche des Deutschen Reiches aus. Die größten unter ihnen waren Hessen-Darmstadt, Baden, Württemberg, Sachsen und das Königreich Bayern. Das hessische „Bruderland“ Hessen-Kassel war dagegen durch die Geldgier des Kasseler Kurfürsten und mit Hilfe des preußischen Militärs 1866 dem Preußenkönig gefügig gemacht worden. Doch seit der Reichsgründung 1871 waren auch die Nicht-Preußen im Deutschen Reich nur noch scheinbar eigenständig und nur in wenigen Entscheidungen unabhängig vom „preußischen Adler“. Da der Preußenkönig Wilhelm I. gleichzeitig Deutscher Kaiser war, konnte er innerhalb des Reiches schalten und walten, wie es ihm beliebte. Genauer gesagt, saß sein von ihm ernannter Kanzler Otto Fürst von Bismarck an den Schalthebeln der Reichsregierung. Diese war im ganzen Reich allein zuständig in Fragen der Staatsbürgerschaft, Freizügigkeit, Pass- und Fremdenpolizei, Zoll- und Handelsgesetzgebung, Geld, Maßen und Gewichten, Presse und Vereinswesen, See- und Binnenschifffahrt, Banken- und Versicherungsaufsicht sowie der Gesetzgebung auf dem Gebiet des bürgerlichen und des Strafrechts.

Durch die Eingliederung Hessen-Darmstadts in das neue Deutsche Reich 1871 musste die Residenzstadt einige Hauptstadtfunktionen an Berlin abgeben. Außen- und Kriegsministerium sowie einige Gesandtschaften verschwanden, denn die auswärtigen Beziehungen waren nun Reichssache. Das deutsche Kaiserreich, wie es Bismarck seinen eigenen junkerlichen und den königlichen Bedürfnissen entsprechend modelliert hatte, stützte sich auf das Bündnis zwischen Militär, Adel, Großgrundbesitzern und Großbürgertum. In der Gesellschaft gab das Militär den Ton an: Jeder Leutnant, und sei er noch so jung und unerfahren, nahm in der gesellschaftlichen Rangordnung einen höheren Platz ein als ein bürgerlicher Universitätsprofessor von Weltruf. Demokratische Bestrebungen waren dem größten Teil des Adels und Großbürgertums ebenso zuwider wie dem Kaiser. Dementsprechend war der Bundesrat machtlos und der Reichstag ein Scheinparlament – denn der Regierungschef Bismarck war dem Parlament gegenüber nicht verantwortlich. Dieses sollte nach Auffassung der reaktionären Kreise ohnehin nur ein „Zugeständnis an den Pöbel“ sein, um das Volk ruhig zu stellen.

Auch liberale Landesfürsten waren der Regierung in Berlin ein Dorn im Auge. Die Darmstädter Großherzöge im 19. Jahrhundert – nun wirklich keine Umstürzler, aber durchaus aufgeschlossen für liberale Gedanken und ausgestattet mit einem Mindestmaß an Mitgefühl für ihre Untertanen – pflegten einen überwiegend weitherzigen Umgang mit den neuen politischen Organisationen. Gelegentlich wurden politische Versammlungen vom preußischen Gebiet in das angrenzende Großherzogtum verlegt, um weniger gefährdet zu sein. 1878 wurde der Großherzog von Preußen gemaßregelt. Bismarck setzte Ludwig IV. unter Druck, das neue Sozialistengesetz schärfer anzuwenden und nicht so nachsichtig gegenüber den „Reichsfeinden" zu sein. Wer gehofft hatte, in Hessen-Darmstadt würden sich Sozialisten und Demokraten in Sicherheit wiegen können, sah sich getäuscht: Innerhalb weniger Monate wurden die Sozialdemokratische Partei, der Bund der Tischler und die Gewerkschaften der Schumacher und Schneider in Darmstadt verboten. Ebenso erging es den Arbeitervereinen, Gewerkschaften, Gesangsvereinen und Arbeiter-Unterstützungsvereinen in Worms, Gießen, Offenbach, Langen und Hainhausen. Doch schon einige Jahre später lebte das Vereinsleben wieder auf. Im Jahr der Reichstagswahl 1881 gründeten die Neu-Isenburger einen „Verein für volkstümliche Wahlen", es entstanden Leseklubs, und in Darmstadt trafen sich wieder Gesangsvereine als Treffpunkte für die Parteigenossen. Allerdings lief vieles spontan und provisorisch ab. Längerfristige Strategien konnten nur schwer entwickelt werden, da stets das Damoklesschwert der drohenden Auflösung über diesen Neugründungen schwebte.

In der Zwischenzeit hatten viele Darmstädter am Kaiser Gefallen gefunden. Die Stadtverordneten erklärten die Tage des Antrittsbesuches Kaiser Wilhelms II. in der hessischen Hauptstadt 1889 zu den „höchsten Fest- und Ehrentagen in der Geschichte unserer Stadt". Auch das 1905 errichtete Bismarck-Denkmal sollte die Treue zum Kaiserreich demonstrieren. Bismarck wurde allerdings nicht, wie geplant, auf dem Marktplatz, sondern auf dem Ludwigsplatz aufgestellt, wo er sich bis heute Großherzog Ludwig „unterzuordnen" hat.

In der Darmstädter Gesellschaft spielte das Militär nicht die gleiche überragende Rolle wie in Preußen. Die Residenzstädter brachten ihren Beamten mindestens den gleichen Respekt entgegen wie ihren Offizieren. Auch die Landesherren übernahmen schon seit vielen Generationen jeweils von ihren Vorgängern die eingespielte Kooperation mit dem gebildeten Bürgertum. Die Hofrangliste enthielt im Jahr 1879 beispielsweise 60 Prozent bürgerliche Namen und nur 40 Prozent adelige. Natürlich gab es auch in Darmstadt einen riesigen Exerzierplatz und extrabreite Alleen, damit die Regimenter der Residenz publikumswirksam aufmarschieren konnten. In Darmstadt jedoch war „das Militärspielen ohne jeden imperialistischen

Ehrgeiz, vielmehr nur ein aus Laune auf Parade hochdressiertes Soldatentum", wie der Darmstädter Schriftsteller Kasimir Edschmid meinte.

Es konnte daher nur Zugereiste verwundern, dass die Lieblingsbeschäftigung des Großherzogs Ludwig III. das Entwerfen der Uniformen für seine Beamten war. Jeder, der aus der Hof- oder Staatskasse Darmstadts bezahlt wurde, war verpflichtet, eine Uniform zu tragen: von den Ministern und Räten über die Lehrer aller Schulstufen bis zu den letzten Pedellen und Gerichtsboten. Die gewöhnliche Uniform sah aus wie ein mausgrauer Soldatenmantel mit Samtkragen. Die verschiedenen Farben der Litze bezeichneten den Rang: die juristische, pädagogische oder sonstige Stellung. Der Degen gehörte selbstverständlich dazu – auch in der Bibliothek oder in der Volksschule. Höhere Bedienstete hatten sich je nach Situation in einer von vier verschiedenen Uniformstufen zu präsentieren: von der goldbesetzten Gala mit weißen Pluderhosen bis hinunter zur einfachen Alltagsuniform. Der Theaterdirektor Julius Werther begnügte sich mit amüsierten Berichten über die Uniform, in der er angeblich aussähe wie ein Weichenwärter. Professor Otto Roquette, der 1869 an das Darmstädter Polytechnikum kam, verlangte dagegen vehement die Freistellung von der „philiströs-martialischen Maskerade", wie er sie nannte. Er hatte dies sogar zur Bedingung für seine Einstellung gemacht. Ihm war die Sache so ernst, dass er bei einer Verweigerung nicht hierher gekommen wäre. Überrascht wurde Roquette von der Empörung, die er damit bei seinen neuen Kollegen an der Darmstädter Hochschule auslöste. Die wurden nämlich aus Gründen der Gleichbehandlung ebenfalls vom Uniformzwang befreit. Nun waren sie gezwungen, selbst für angemessene Kleidung zu sorgen. Für viele war das ein finanzielles Problem: Die meisten Beamten erhielten damals so wenig Lohn, dass die Bekleidung durch den Dienstherrn schiere Notwendigkeit war. Mit der Uniform konnten sie ihre eigene abgetragene Kleidung verdecken, ohne unangenehm aufzufallen. Einige Zeitungen feierten diese Uniform-Verweigerung als ersten Schritt des Kampfes gegen „verrottete und elende Staatstraditionen". Doch Roquette hatte danach lange Zeit unter Isolation und Vereinsamung zu leiden, wie er in seinen Erinnerungen schrieb. Ausgleich fand er durch seine zweite Beschäftigung, für die er bis heute in Darmstadt bekannter ist: als Dichter, Literat und Theaterkritiker. Einige seiner Stücke wurden sogar am Hoftheater aufgeführt.

VI. Darmstädter Jugendstil, Revolution und Volksstaat Hessen

Die sanfte Anhöhe lag außerhalb der Stadtmauern und war ein Geheimtipp für idyllische Spaziergänge in einem abgeschiedenen fürstlichen Landschaftspark mit Pavillons und Gartenhäuschen. Den Park, der erst später nach der Erbgroßherzogin Mathilde benannt wurde, hatte Prinz Christian schon um 1800 im englischen Stil anlegen lassen und für die Bürger geöffnet. Doch die Mathildenhöhe lag so weit draußen, dass nicht alle Heiner sie aus eigener Anschauung kannten.

Das war genau der richtige Ort für eine Idee, die damals den meisten Bürgern wohl ziemlich weltfremd erschien: Großherzog Ernst Ludwig erfüllte sich hier ab 1900 seinen Traum von einer Künstlerkolonie. Jeweils sieben wechselnden Künstlern ermöglichte er insgesamt 14 Jahre lang, vollkommen autonom ein bewohntes Gesamtkunstwerk aus Wohnhäusern, Ausstellungsgebäuden, Theater, Restaurants, Skulpturen und gestaltetem Garten im Sinne des damals modernen Jugendstils zu erbauen. Er hatte eine Weile suchen müssen, bis er schließlich auf einer Reise nach Wien seinen kongenialen Partner für diese Idee gefunden hatte: Es war der Architekt Joseph Maria Olbrich, den er im September 1899 nach Darmstadt holte und der das Projekt mit ihm zusammen leitete. Olbrich war in der Jugendstilszene kein Unbekannter. Er hatte in Wien Architektur studiert, gehörte zu den Mitbegründern der Wiener Sezession und baute bereits als Dreißigjähriger mit dem renommierten Architekten Otto Wagner in Wien das „Haus der Sezession". Die Sezessionisten kritisierten den Wiener „Ringstraßen-Historismus" und träumten von einem Gesamtkunstwerk am Rande der Stadt, einer Gartenstadtsiedlung mit Einzelwohnhäusern. So forderte Olbrich: „Eine Stadt müssen wir erbauen, eine ganze Stadt! Alles andere ist nichts! Die Regierung soll uns […] ein Feld geben, und da wollen wir dann eine Welt schaffen." Doch ausgerechnet in Wien, dem Zentrum des Jugendstils, gelang das nicht. Der große Einfluss der Sezession auf die Architektur in Wien beschränkte sich auf viele Einzelgebäude, die in der Stadt verstreut lagen. Der Traum einer zusammenhängenden, gemeinschaftlich konzipierten Siedlung, wie sie Olbrich vorschwebte, sollte erst in der deutschen Provinz verwirklicht werden.

Großherzog Ernst Ludwig gab dem jungen Architekten das Feld, auf dem dieser „eine Welt schaffen" wollte. Als Olbrich damit begann, blickten nicht nur die Wiener Sezessionisten staunend und ein wenig neidisch nach Darmstadt. Hier schufen Architekten und Künstler ohne nervenaufreibende Kleinkriege mit Bürokraten und Kritikern ganz neue Strukturen und Formen. In Darmstadt erschien darüber hinaus mit der Zeitschrift „Deutsche Kunst und Dekoration" eine wichtige Publikationsmöglichkeit für die Künstler. Die vielen Besucher aus Wien konnten sich nur die Augen reiben ob so vieler Möglichkeiten. Der wichtigste Unterschied zu Wien bestand darin, dass zwischen den Künstlern in Darmstadt und dem Großherzog keine anderen Entscheider standen. Ernst Ludwig berief sie, wachte über ihre künstlerische Freiheit und arbeitete sogar mit einigen von ihnen am Reißbrett und am Bau zusammen. Zu den Mitgliedern der Künstlerkolonie gehörten unter anderem die Architekten Hans Christiansen, Albin Müller und Emanuel Josef Margold, die Bildhauer Ludwig Habich, Rudolf Bosselt und Heinrich Jobst, die Maler und Grafiker Peter Behrens, Paul Bürck und Friedrich Wilhelm Kleukens.

Die Idee, die hinter diesem Projekt stand, war, das Wohnen lebenswerter und schöner zu machen. Häuser, Flure, Zimmer, Küchen, Badezimmer sollten hell und freundlich, ästhetisch und praktisch gestaltet sein. Nicht phantasielos, unbequem, dunkel und unpraktisch wie bisher in den viel zu engen, schlecht belüfteten und oft unhygienischen Einzimmer-Behausungen der Arbeiter oder den mit überflüssigem Pomp überladenen, verschnörkelten und korsetthaften Historismuswohnungen des Bürgertums. Was 100 Jahre später selbstverständlich ist, war um 1900 völlig neu. Die Jugendstilkünstler wollten alles im Haus so ästhetisch wie möglich gestalten. Nicht nur das Haus und die Möbel, sondern auch jede Gardine, Teppiche, Wände, Geländeranstriche, Vasen, Bestecke und Geschirr. Alles sollte in Form, Farbe und Proportionen miteinander harmonieren. Leitmotive waren Formen und Farben aus der Natur, vor allem der heimischen Pflanzenwelt, meist stilisiert und mit symbolischen Bezügen. Die Künstlerkolonie setzte neue Maßstäbe auf dem Gebiet des reformierten Wohnens. Nicht nur mit einem Stilwandel im Möbelbau, sondern auch durch hochmoderne Standards bei der technischen Ausstattung, zu der elektrisches Licht, fließend kaltes und warmes Wasser und Zentralheizung gehörten.

Um 1900 waren Teile des Bildungsbürgertums in Deutschland mehr oder weniger stark überzeugt davon, dass der rasant zunehmende Einfluss der Industrialisierung mit all seinen negativen Begleiterscheinungen – wie dicht besiedelte Städte, Naturferne, Massenelend und Fließbandarbeit – dem Menschen nicht gut tun würde. Sie kritisierten die von der Technik bestimmte Lebensweise als menschenunwürdig und unnatürlich. Eine wesentliche Strömung dieses Bewusstseinswandels war die lose Bewegung der Lebensreform. Ihr ging es um einen Wandel der Lebensführung, der Ernährung, des Wohnens, der Gesundheitspflege und der Kunst. Die Natur wurde für viele

Für die Jugendstilreliefs im Platanenhain auf der Mathildenhöhe ließ sich der Bildhauer Bernhard Hoetger 1912 von vorbuddhistischen Kulturen inspirieren. Die Inschrift dieser Plastik lautet: „Gestalten, sagt man, sterben hin, entstammen dem, was nicht stirbt, was unermesslich nie versiegt."

Dinge des Lebens zum Maßstab und zur Grundlage des ästhetischen Empfindens. Licht, Luft und Sonne wurden geradezu angebetet. Die Skulptur des „Genius" (am heutigen Alexandraweg), gestaltet von dem einzigen gebürtigen Darmstädter Mitglied der Künstlerkolonie, Ludwig Habich, streckt beschwörend ihre Arme der Sonne entgegen und verkörpert mit dieser Haltung in typischer Weise die Ziele und Sehnsüchte der Lebensreformbewegung. Die Künstlerkolonie setzte diese Ziele greifbar um.

Als erste gemeinsame Arbeit statteten die Koloniekünstler das „Darmstädter Zimmer" auf der Weltausstellung in Paris im Jahre 1900 aus. Sie ernteten hierfür internationale Aufmerksamkeit und Anerkennung. Später folgten noch weitere erfolgreiche Beiträge mit Möbeln und Zimmereinrichtungen auf internationalen Ausstellungen in Turin und St. Louis/102USA. Auf der Mathildenhöhe fand die erste Ausstellung der Künstlerkolonie 1901 unter dem Titel „Ein Dokument deutscher Kunst" statt. Zu den ersten fertig gestellten Häusern gehörte das von Olbrich entworfene Ernst-Ludwig-Haus als Ateliergebäude. Sein markantes Portal flankieren – quasi als Bewacher der heiligen Hallen – die zwei sechs Meter hohen Kolossalfiguren „Adam und Eva" des Bildhauers Habich. Olbrich bezeichnete das Haus als „Tempel der Arbeit" – wie die Künstlerkolonie generell nach „Veredelung" der Arbeit und des Lebens „in eine höhere Ordnung" strebte. Die Kunst sollte eine „Heilung des Daseins" bewirken. Das Einweihungsfest mit seinen hymnischen Bekenntnissen und Weihespielen inszenierte die Architektur dann auch wie Sakralbauten. Insgesamt zeigten die Kolonisten bis zum Ausbruch des Ersten Weltkrieges vier verschiedene Ausstellungen. In der ersten präsentierten sie der Öffentlichkeit ihre eigenen Wohnhäuser mit der aufwändig gestalteten Innendekoration. Auch diese erregten internationales Interesse. Kunstbeflissene und -gelehrte aus bedeutenden Kunstzentren begannen nach Darmstadt zu pilgern. 1904 folgte eine etwas abgespeckte Version mit einigen gutbürgerlichen Eigenheimen.

Der Großherzog wollte jedoch nicht nur die Künste und die neue Wohnkultur fördern. Er hoffte mit den Arbeiten auf der Mathildenhöhe das Gewerbe und die Wirtschaft in Darmstadt und Hessen anzukurbeln. Doch trotz des positiven Echos, das die Künstlerkolonie weit über Hessen hinaus auslöste, verhielten sich die Darmstädter überwiegend reserviert. Wenn sie überhaupt größere Notiz davon nahmen, spotteten sie lieber. Die Traditionalisten unter ihnen fanden das Ganze einfach nur übergeschnappt. Das „Darmstädter Tagblatt" fand bei seinem Bericht über die erste Darmstädter Kunst- und Kunstgewerbeausstellung vor allem die „künstlerische Gediegenheit des Gebotenen" besonders erwähnenswert. Private Aufträge von Darmstädtern an die Architekten außerhalb der Mathildenhöhe gab es nicht.

Den Eingang zum Ernst-Ludwig-Haus auf der Mathildenhöhe flankieren zwei Kolossalfiguren. Das ehemalige Ateliergebäude der Künstlerkolonie entwarf der Architekt Josef Maria Olbrich nach dem Vorbild einer mittelalterlichen Bauhütte.

Joseph Maria Olbrich nahm daher 1907 einen großen Auftrag zum Bau eines Kaufhauses in Düsseldorf an. Diejenigen Darmstädter und Frankfurter, die die Ausstellungen besuchten, sollen jedoch überwiegend begeistert gewesen sein. Vor allem Frauen waren überwältigt von den Wohnungseinrichtungen, die sich von dem, was sie bisher kannten, grundlegend unterschieden. Es gab in jeder Wohnung ein Badezimmer, eine vollständig und praktisch eingerichtete Küche und große Fenster ohne dunkle Vorhänge. Sie konnten sich nicht satt sehen und zogen ihre weiterstrebenden männlichen Begleiter immer wieder zurück zu einzelnen Ausstellungsstücken.

Nach der dritten Künstlerkolonie-Ausstellung 1908 kam für Darmstadts Möbelindustrie endlich der erhoffte Aufschwung. Bei dieser Ausstellung hatten der Großherzog und der neue künstlerische Leiter Albin Müller (der den im gleichen Jahr verstorbenen Olbrich ersetzte) den Schwerpunkt auf die kunstgewerbliche Realisierung gelegt. Sie beteiligten hessische Künstler, Architekten und Handwerker. Viele Exponate stammten von Darmstädter Unternehmen: den Möbelfabriken Trier, dem Ausstatter Bringer, der Hofbuchbinderei Weitz, dem Stuckateur Bergsträßer, dem Tapetenhersteller Schepp und mehreren Weißbindermeistern. Neben den beiden provisorischen Gebäuden für angewandte Kunst und Architektur standen 1908 sechs Musterbeispiele für Arbeiterhäuser im Mittelpunkt der Aufmerksamkeit. Sie zeigten verschiedene Lösungen, wie für eine auf 5.000 Mark begrenzte Summe ein modernes Haus mit kompletter Inneneinrichtung erbaut werden konnte. Neben den weiteren für diese Ausstellung fertig gestellten Villen der Künstler wirkten die Arbeiterhäuser sehr bescheiden, begeisterten aber Kritiker und Bevölkerung. Die Kolonisten träumten stets davon, dass ihre feinsinnig entworfenen und handwerklich sehr anspruchsvoll ausgeführten Möbel als Alltagsgegenstände in den Manufakturen nachgebaut würden. Aber viele der Gegenstände waren zu aufwändig und auch zu elegant für die Massenherstellung. Dennoch wagten sich später einige Gewerbebetriebe an die Vereinfachung, stutzten manche Formen der Kolonisten auf ein bürgerliches Maß zurück und machten sie auf diese Weise der breiteren Bevölkerung zugänglich. In der Folgezeit belebte Jugendstildesign das Kunstgewerbe und die Industrie in Deutschland, und einige Darmstädter Möbelfabriken – wie Glückert, Alter und Trier – wurden zu marktführenden Herstellern in diesem Bereich.

Darmstadts Stadtväter hatten durchaus ein Gespür für die Schönheit der Architektur der Künstlerkolonie. Ob das dem persönlichen Engagement des Großherzogs alleine zu verdanken war, ist nicht sicher. Die Stadt bewilligte für die Ausstellungsgebäude auf der Mathildenhöhe die erhebliche Geldsumme von insgesamt 390.000 Mark. Ein Teil des Geldes war für das Hochzeitsgeschenk des Großherzogs gedacht. Ernst Ludwig hatte sich einen Turm gewünscht, der das Jugendstil-Ensemble krönen sollte.

Der „Genius“ des Darmstädter Bildhauers Ludwig Habich verkörpert auf typische Weise das Lebensgefühl der Lebensreformbewegung um 1900. Deren Ideale hatten die Künstlerkolonie stark beeinflusst.

1905 erhielt er seinen Hochzeitsturm anlässlich der Eheschließung mit Prinzessin Eleonore. Die Planung wollte Architekt Olbrich nicht so recht von der Hand gehen. Er hatte Entwurf um Entwurf zerrissen. Am meisten Kopfzerbrechen machte ihm das Dach. Da hob der Großherzog seine Hand und meinte, die Schwurhand wäre doch ein passender Abschluss. Wie bei vielen anderen Kunstprojekten half er auch beim Bau seines Turmes mit. Er probierte oben auf dem Baugerüst zusammen mit den Arbeitern die künstlerisch gesehen beste Abfolge der Ziegelsteine aus.

Mit Sicherheit waren die Architekten der Künstlerkolonie auch beeinflusst von den neuesten medizinischen Erkenntnissen ihrer Zeit. Seit Mitte des 19. Jahrhunderts entdeckten Bakteriologen den Zusammenhang von Seuchen wie der Tuberkulose und der damals mangelhaften Hygiene. In den Häusern der Künstlerkolonie hatte daher jede Wohnung ein eigenes Badezimmer. Auch Darmstadts Stadtväter ließen ein Wasserwerk und eine Kanalisation nach neuesten technischen Erkenntnissen errichten. Hierfür konnten sie 1880 den Ingenieur James Hobrecht verpflichten, der schon die Berliner Kanalisation gebaut hatte. Die Vorstellung, Wasser als „Waschmittel" sei gesundheitsschädlich und das Waschen des nackten Körpers moralisch verwerflich, war weit verbreitet. Ihr wurde ab Mitte des 19. Jahrhunderts aufwändige Aufklärungsarbeit entgegengesetzt. Die Mediziner hatten auch erkannt, dass Wasser nicht nur zum Waschen gut war, sondern auch zur Abhärtung und so genannten körperlichen Ertüchtigung beim Schwimmen in öffentlichen Badeanstalten. Auch dem hatten Jahrhunderte lang moralische Bedenken entgegengestanden. Da die Stadtväter sich für den Gesundheitszustand ihrer Bevölkerung verantwortlich fühlten (auch weil sie den Zusammenhang von Gesundheit und Volkswirtschaft erkannten), bauten viele Städte öffentliche Kurbäder und Schwimmhallen. 1907 bis 1909 ließ die Stadt Darmstadt auf dem Mercksplatz das Zentralbad nach Entwürfen von August Buxbaum errichten. Buxbaum war ein Gegner des Jugendstils, und so ist die äußere Hülle des Gebäudes (abgesehen von den Dekorationen am Portal, die von Heinrich Jobst stammen) von traditioneller Symmetrie bestimmt. Innenausbau und Dekor gestalteten jedoch Albin Müller und andere Mitglieder der Künstlerkolonie in reinstem Jugendstil. Das Haus war durch und durch ein Kunstwerk und galt als eines der schönsten und modernsten seiner Zeit. Nach kurzer Zeit strömten die Darmstädter in großer Zahl in ihr Zentralbad mit Brause- und Wannenbädern und Dampfbad. Im Untergeschoss gab es sogar ein „Hundebad". Die besonderen Prunkstücke dieser letzten Phase landesfürstlich inspirierten Bauens in der Stadt sind bis heute nicht nur die Künstlerhäuser und Ausstellungsgebäude auf der Marienhöhe, sondern neben dem Hallenbad auch der Hauptbahnhof, das Landesmuseum, die Pauluskirche und eine Maschinenhalle der Technischen Universität.

Auf Darmstadts Musenhügel, der Mathildenhöhe, zeigen sich Ausstellungs- und Institutsgebäude sowie der Hochzeitsturm in schönstem Jugendstil.

Die Regierungszeit Großherzog Ernst Ludwigs von 1892 bis 1918 war für die Residenz die kulturell und wirtschaftlich erfolgreichste Zeit ihrer Geschichte. In diesen 25 Jahren wuchs die Wirtschaft rasant. Die Investitionen der Stadt in die Versorgung mit Gas, Elektrizität und Wasser sowie den Bau der Straßenbahn lösten in der privaten Wirtschaft eine Flut von Folgeinvestitionen aus. Öffentliche und private Aufträge schufen Arbeitsplätze und verbesserten die Produktivität. Dadurch stiegen die Einkommen und der Lebensstandard. Zur Jahrhundertwende lag das Einkommen des Darmstädter Durchschnittsbürgers um 150 Prozent über dem hessischen Landesmittel. Dieses beträchtliche Wohlstandgefälle gegenüber der ländlichen Umgebung lockte immer mehr Menschen in die Residenz. Die Einwohnerzahl der Stadt stieg kontinuierlich: In den Jahren ihres stärksten Wachstums zwischen 1890 und 1905 nahm sie von 56.500 auf 83.100 zu.

Großherzog Ernst Ludwig war maßgeblich daran beteiligt, dass diese enorme Entwicklung im Rahmen der Industrialisierung mit einer ausgewogenen Stadtentwicklung und Verbesserung der Lebensqualität einherging. Er engagierte sich nicht nur auf der Mathildenhöhe und für Handel und Gewerbe, sondern auch für den Arbeiterwohnungsbau in der Stadt und förderte die Technische Hochschule und andere Bildungseinrichtungen. Ernst Ludwig war eher Künstler und Mitmensch als ein Herrscher und passte damit genau in seine Zeit, in der die Gesellschaft tiefe Umbrüche erlebte. Er hatte von seiner Großmutter, der britischen Queen Victoria, den humanistischen Geist und von seiner Mutter Alice seine soziale und künstlerische Ader geerbt. Seine Zeitgenossen sagten über ihn, er sei von allen deutschen Fürsten der am natürlichsten auftretende Europäer und Weltmann. Für die Regierung in Berlin war er „der rote Herzog". Er hatte unter anderem gewagt, im März 1902 an einem parlamentarischen Abend im Ständehaus teilzunehmen, bei dem auch sozialdemokratische Abgeordnete dabei waren. Der Großherzog nahm jedoch nicht nur teil, sondern sprach auch mit Sozialdemokraten. Für Bismarck ein unverzeihlicher Frevel. Ernst Ludwig schrieb in seinen Erinnerungen, dass er sich als reinster Sozialist fühle, wenn er bei Visiten im kaiserlichen Berlin seine „rückständigen Kollegen" treffe. Diese würden nicht begreifen, dass man mit der Zeit gehen müsse, wenn man nicht von ihr übergangen werden wolle. Sein Verhältnis zu seinem Vetter Kaiser Wilhelm II. war daher nie besonders herzlich. Nicht zufällig war er der Lieblingsenkel Queen Victorias, die ihn häufig in Darmstadt besuchte. Auch Ernst Ludwig war oft in England, als Kind jedes Jahr. Eine Zeit lang las Victoria (die dank ihrer deutschen Mutter bis zu ihrem dritten Lebensjahr ausschließlich Deutsch sprach) in London regelmäßig das „Darmstädter Tagblatt". Das herzliche Verhältnis der beiden überstand auch den Ersten Weltkrieg.

Die Darmstädter Linie sei bei ihren englischen und russischen Verwandten so beliebt, weil sie keine Preußen seien, sagte Ernst Ludwig einmal. Seinem russischen Schwager, Zar Nikolaus II., der 1894 seine Schwester Alix (dann Zarin Alexandra Fjodorowna) geheiratet hatte, überließ er ein Grundstück auf der Mathildenhöhe, damit er sich dort eine russisch-orthodoxe Kapelle bauen lassen konnte, um bei seinen Besuchen in Darmstadt nicht auf den Gottesdienst verzichten zu müssen. Die 1897 errichtete Kapelle steht auf russischer Erde, die der St. Petersburger Hofarchitekt Louis N. Benois (übrigens ein Großvater des Schauspielers Peter Ustinov) eigens importieren und auf dem Bauplatz verteilen ließ. Mit ihren drei vergoldeten Kuppeln prägt die Kapelle neben den Jugendstilgebäuden bis heute das Bild der Mathildenhöhe.

Es ist eine Ironie der Geschichte: Der letzte regierende Großherzog im Darmstädter Schloss war der beliebteste und liberalste – und ausgerechnet ihn setzten die Hessen-Darmstädter 1918 ab. Mehr oder weniger gedrängt durch die Revolution, die wie eine Flutwelle durch Europa schwappte und vieles längst Überfällige wegspülte. Es wurde dem Großherzog wohl genauso schnell klar wie den Darmstädter Bürgern: Wenn im ganzen Deutschen Reich die Fürsten gestürzt werden, konnte nicht ein kleines deutsches Fürstentum als einziges die Monarchie behalten. Da die meisten Beteiligten die Absetzung Ernst Ludwigs eher halbherzig betrieben, lief die Revolution in Darmstadt friedlich ab. Am 8. November 1918 trafen sich abends die Abgeordneten Carl

Ulrich, Heinrich Delp und Arthur Osann beim Darmstädter Oberbürgermeister mit dem Großherzog zur Lagebesprechung. Während die Sozialdemokraten versicherten, die Stimmung unter den Arbeitern sei ruhig, hörte man um Mitternacht auf den Straßen plötzlich Geschrei und Schüsse. 5.000 Soldaten aus der Griesheimer und der Darmstädter Garnison wollten das Neue Palais stürmen und den Großherzog zur Abdankung zwingen. Heinrich Delp versuchte zu vermitteln. Doch die Soldaten riefen, dass sie sich rächen wollten für das, was ihnen in den letzten vier Jahren (im Krieg) angetan worden sei. Sie hätten einen Soldatenrat gegründet. Delp und einige andere Abgeordnete redeten beruhigend auf sie ein. Es sei genug Blut geflossen in den letzten vier Jahren, und es solle nicht noch mehr fließen. Delp versprach den Soldaten, sich dafür einzusetzen, dass sie mit den Arbeitern eine Versammlung abhalten könnten. Daraufhin zogen sie in ihre Kasernen zurück.

Am frühen Morgen fuhr der Gewerkschafter in die Darmstädter Fabriken und überredete die Unternehmer, den Arbeitern für eine Generalversammlung und Demonstration mit dem Soldatenrat bis Mittag frei zu geben. Sogar der größte Arbeitgeber, E. Merck, war einverstanden. Auch unter den Arbeitern war die Stimmung nicht so ruhig, wie die Abgeordneten gedacht hatten. Gemeinsam mit den Soldaten bildeten sie den Arbeiter- und Soldatenrat und erklärten den Großherzog für abgesetzt. Nach der Demonstration gingen die Arbeiter wieder an ihre Arbeitsplätze, und ihre Räte verhandelten im Neuen Palais mit dem Vorsitzenden der SPD-Landtagsfraktion, Carl Ulrich, über die nächsten Schritte. Zwei Tage später bildete Ulrich im Auftrag des Arbeiter- und Soldatenrates, der zunächst die Staatsgeschäfte übernommen hatte, die neue Regierung, an der sich auch Zentrum und Demokraten beteiligten.

Dass Ernst Ludwig nicht freiwillig abdanken wollte, beunruhigte nicht weiter. Er war abgesetzt worden, das reichte. Die Darmstädter fanden freundliche Worte für ihren ehemaligen Großherzog und hießen ihn als Bürger in der Republik Hessen willkommen. Als wohl einziger deutscher Fürst sandte er in einem Brief an die erste republikanische Volkskammer Hessens seine „aufrichtigsten Wünsche für eine gesegnete und gedeihliche Arbeit" und bedankte sich bei den Abgeordneten für ihren Einsatz am Revolutionstag, der größere Härten für die Geschichte Hessens „als die durchaus notwendigen" zu vermeiden half. Ernst Ludwig bekam eine großzügige Abfindung und durfte die Schlösser Wolfsgarten, Kranichstein und Romrod behalten. Seinen ehemaligen Bediensteten wurde die Übernahme in den Staatsdienst angeboten. Ernst Ludwigs Schwester, Zarin Alexandra, war bereits am 16. Juli dieses Jahres in den Wirren der russischen Revolution mit ihrem Mann Nikolaus II. und den fünf Kindern in Jekaterinburg von Bolschewisten hingerichtet worden.

Die revolutionären Unruhen im November 1918 hatten auch in anderen hessischen Städten zur vorübergehenden Herrschaft von Arbeiter- und

Soldatenräten geführt, die allerdings nicht lange existierten. Die Wahlen zur Nationalversammlung am 19. Januar 1919 verliefen fast überall ruhig. Das Ergebnis gab Anlass zu berechtigter Hoffnung: Die Hessen hatten mit überwältigender Mehrheit, zu 80 Prozent, den erklärten demokratischen Parteien der so genannten Weimarer Koalition ihre Stimme gegeben. Der SPD-Reichstagsabgeordnete Carl Ulrich wurde erster Ministerpräsident des Volksstaates Hessen. Doch die vermeintliche Eintracht war nur die Ruhe vor dem Sturm: In den folgenden Monaten kam es in den rhein-mainischen Industriegebieten zu Aufständen linksrevolutionärer Arbeiter. Gleichzeitig hielten die rechten deutsch-völkischen Kreise überall im Land zwischen Kassel und Darmstadt zahlreiche Versammlungen ab und betrieben lautstark antidemokratische Propaganda. Schon bald nach der Unterzeichnung des Versailler Vertrages mit seinen hohen Reparationsforderungen an Deutschland predigten die Rechten in Flugblättern und Versammlungen systematisch den Hass gegen die Regierungen in Berlin und Darmstadt, gegen Sozialdemokraten und Juden. In den Wintermonaten 1920 kam es zu einer Welle von öffentlichen Veranstaltungen, die bereits den typischen Ablauf späterer „Saalschlachten" der Nationalsozialisten hatten. So zum Beispiel die Versammlung des Deutschvölkischen Schutz- und Trutzbundes am 23. Februar 1920 in Darmstadt. Als der Redner den Juden mehrfach Feigheit und Drückebergerei vor dem Militärdienst vorwarf, protestierten anwesende Studenten. Unter Beteiligung einer Menge von organisierten Schülergruppen, die mit Trillerpfeifen ausgerüstet waren, entstand sofort ein Höllenlärm. Als sich in der anschließenden Diskussion Gegenredner meldeten, gingen ihre Ausführungen in tumultartigem Lärm unter.

Dieser permanenten Propaganda folgte bei den Reichstagswahlen am 6. Juni 1920 bereits ein bedeutender Erfolg für die oppositionellen Rechtsparteien, die Deutschnationalen und Deutschvölkischen: In Hessen konnten die Deutschnationale Volkspartei (DNVP) und Deutsche Volkspartei (DVP) zusammen mehr als 30 Prozent erreichen und damit ihre Stimmenanteile gegenüber den Wahlen von 1919 fast verdoppeln. Die demokratischen Koalitionsparteien behielten in Hessen immerhin noch ihre absolute Mehrheit, die sie im Reich bereits verloren hatten.

Am 26. Mai 1922 wurde die erste hessische NSDAP-Ortsgruppe in Frankfurt am Main gegründet. Doch noch waren die demokratischen Gegenkräfte sehr hellhörig und wach. Als im Juni dieses Jahres der deutsche Außenminister Walther Rathenau in Berlin von zwei rechtsradikalen Offizieren ermordet wurde, ging eine Protestwelle durch das Land. Demokratisch gesinnte Bürger waren bestürzt und empört. In vielen deutschen Städten kam es zu Protestdemonstrationen. In Frankfurt gingen 60.000 Menschen auf die Straße, und ein Teil von ihnen stürmte anschließend die

Auslieferungsstelle der „Völkischen Rundschau". Am Tag der Beisetzung Rathenaus versammelten sich in Darmstadt mehr als 10.000 Teilnehmer zu einer Kundgebung auf dem Marktplatz. Nach der Veranstaltung entlud sich die Empörung der Demokraten: Viele von ihnen marschierten zur Wohnung des rechtsorientierten DVP-Abgeordneten Osann und verwüsteten seine Wohnung. Seinen Fraktionskollegen Dingeldey zerrten die Demonstranten auf die Straße und zwangen ihn, hinter einer roten Fahne herzulaufen. Am Abend demolierten sie die Geschäftsräume der beiden rechts stehenden Darmstädter Zeitungen, der „Hessischen Landeszeitung" und des „Täglichen Anzeigers".

Bald nach dem Rathenau-Mord wurden in den meisten deutschen Ländern, so auch in Hessen, Veranstaltungen der Nationalsozialisten, des Deutschvölkischen Schutz- und Trutzbundes (DSTB), des Stahlhelms und anderer rechtsradikaler Organisationen verboten. Damit war der gerade gegründeten NSDAP-Ortsgruppe in Frankfurt ein vorläufiges Ende gesetzt. Doch schon einen Monat später gründeten die hessischen Nazis in Darmstadt unter dem neuen Namen Deutschorden eine neue Ortsgruppe. Im gleichen Jahr wurden die nationalsozialistischen Stützpunkte Bensheim, Offenbach und Friedberg ins Leben gerufen. Trotz des Verbotes blieben diese nationalsozialistischen Ortsgruppen bestehen. Zu groß war bereits der Rückhalt der Rechten in der Bevölkerung. Die hessische Landtagswahl am 27. November 1921 brachte einen weiteren Rechtsruck: In Darmstadt erhielt die nationalliberale DVP rund 40 Prozent der Stimmen.

Die Weimarer Republik litt unter mehreren Geburtsfehlern. Der Historiker Karl Dietrich Bracher sah einerseits eine „verhängnisvolle obrigkeitsstaatliche Tradition des deutschen Staatsdenkens". Sie äußerte sich in einem grundlegenden Misstrauen weiter Teile der Bevölkerung einschließlich vieler Abgeordneter gegenüber dem neuen parlamentarischen Parteiensystem. Die Mehrheit sehnte sich nach der vor kurzem untergegangenen autoritären Staatsform zurück. Der zweite Makel der Weimarer Republik war, dass die Monarchie nicht vollständig begraben worden war. Die Verfassung gab dem Reichspräsidenten zuviel Macht. Er konnte mit Ausnahme- und Notverordnungen über die Köpfe des Parlamentes hinweg wie ein „Ersatzkaiser" regieren. Das Parlament ließ sich das gefallen und nahm die eigene Macht nicht ausreichend wahr. Die rechten und monarchistischen Parteien erklärten offen, dass sie von diesem demokratischen System nichts hielten. Die starken linken Parteien bekämpften sich gegenseitig kompromisslos – insbesondere die SPD und die KPD, die über viele Jahre eine Mehrheit im Reichstag besaßen. Die Kommunisten verbündeten sich lieber mit den Rechten, als mit ihrem Erzfeind, der SPD, ein Bündnis gegen die Nationalsozialisten einzugehen. Lieber stritten sich die Parteien in Scheingefechten herum, anstatt durch tragfähige Koalitionen Regierungsverantwortung zu übernehmen. Sie überließen von Anfang an dem Reichspräsidenten das Ruder.

Der zweite Präsident der Republik, der parteilose Paul von Hindenburg, war monarchistisch gesinnt und hielt nicht viel von der Republik und demokratischen Spielregeln. 1930 berief er, ohne das Parlament zu fragen, Heinrich Brüning zum neuen Reichskanzler. Der Regierungschef war fortan nur noch dem Reichspräsidenten und nicht mehr dem Reichstag verpflichtet. Das ergebnislose Gezänk der Parteien trug nicht dazu bei, Hindenburgs Meinung zum Parteienstaat zu ändern. Die Parteien waren ihm schlicht lästig. Und auf seine alten Tage konnte er aus seiner gewohnten Manier als Generalfeldmarschall nicht heraus. Hindenburg soll nicht nur einmal mit der Faust auf den Tisch geschlagen haben, wenn der „ungezogene" Kanzler nicht so wollte wie er. So zum Beispiel als Kanzler Kurt von Schleicher im Januar 1933 wieder einmal die NSDAP verbieten lassen wollte, um das Schlimmste zu verhindern. Hindenburg untersagte ihm dies. Als Schleicher widersprach, maßregelte ihn der Reichspräsident wie einen Schuljungen und gab ihm „den Befehl, zu gehorchen". Noch während der Kanzlerschaft Schleichers verhandelte Franz von Papen im Auftrag Hindenburgs mit Adolf Hitler über dessen Berufung zum Reichskanzler. „Wir haben ihn uns engagiert", soll von Papen in Bezug auf Hitler gesagt haben, als dieser am 30. Januar 1933 zum neuen Reichskanzler berufen wurde. Wer wen engagiert hatte, wurde sehr bald deutlich.

Eine weitere große Belastung für die junge Republik waren die exorbitanten Reparationsforderungen der Siegermächte des Ersten Weltkrieges, die sich anfangs in der Größenordnung von 269 Milliarden Goldmark bewegten. Eine Summe, die vollkommen unrealistisch war und viele Deutsche als Demütigung empfanden. In zähen Verhandlungen versuchte die Reichsregierung, sich dagegen zu wehren. Als sie mit den Zahlungen in Rückstand geriet, besetzten Frankreich und Belgien 1923 das Ruhrgebiet. Dabei kontrollierten die Franzosen ohnehin bereits seit 1918 das Rheinland: Rheinhessen, den Kreis Groß-Gerau, Teile der Kreise Offenbach und Darmstadt, Wiesbaden, den Rheingau und große Teile des Taunus. Diese Zwangsmaßnahme sollte dazu dienen, die Reparationsforderungen durchsetzen. Die Besetzung des Rheinlandes, die bis 1930 dauerte, war eine zusätzliche Belastung für den hessischen Volksstaat. In den besetzten Gebieten galt zuerst das Kriegs- und später das Besatzungsrecht. Die französische Verwaltung duldete keinen Widerstand. Wer sich nicht bedingungslos den Anordnungen fügte, wurde mit Haft oder Ausweisung bedroht. Allein im Volksstaat Hessen mussten 4.000 Beamte mit ihren Familien die besetzten Gebiete verlassen. Sie hatten nach der Ruhrbesetzung passiven Widerstand geleistet. Wohnungen wurden beschlagnahmt, Einquartierungen waren an der Tagesordnung. Auch die Versorgung mit Fleisch und Milch aus Oberhessen war erheblich gestört. Nahrungs- und Wohnraummangel verstärkte sich durch Tausende heimkehrender Soldaten. Versorgungswege wurden abgeschnitten. Die Demarkationslinie trennte den nördlichen Teil Arheilgens von Darmstadt ab und sperrte die Straßenbahnlinie zum Nachbarort Griesheim. Städte wie Mainz, Worms oder Groß-Gerau konnten nur umständlich mit Passierscheinen erreicht werden.

Die Besetzung schwächte in ohnehin wirtschaftlich schwierigen Zeiten die Entwicklung von Industrie und Handel. Die Währung, die zum Ende des Ersten Weltkrieges bereits die Hälfte ihrer Vorkriegs-Kaufkraft eingebüßt hatte, brach unter den steigenden Preisen zusammen. Der Staat entledigte sich seiner Schulden durch das Drucken von Banknoten, die bald astronomische Nennwerte erreichten. Ein Pfund Rindfleisch kostete inzwischen 800 Millionen Mark. Wegen Bargeldmangels entlohnte die Darmstädter Firma Merck ihre Beschäftigten mit Gutscheinen im Wert von 100.000 bis 1.000.000 Mark. Auch die Stadt, die Südhessische Eisenbahn-Gesellschaft und andere Firmen druckten eigenes Notgeld. Im Oktober 1923 gingen die Darmstädter auf die Straße und protestieren gegen die rapide fortschreitende Geldentwertung. Es kam zu gewalttätigen Auseinandersetzungen zwischen den hungernden Demonstranten und der Polizei. Ein Kind wurde dabei getötet, mehrere Demonstranten und Polizisten verletzt. Mit der Einführung der Rentenmark im November wurde die Inflation gestoppt. Das Darmstädter Echo kostete nun 10 Goldpfennige anstatt 50 Milliarden Mark. Doch damit war das Ende der Wirtschaftskrise noch nicht erreicht. Auf die Inflation folgte Ende der Zwanzigerjahre die Deflation: Die Preise fielen, doch gleichzeitig sanken die Löhne und damit die Kaufkraft. Firmen mussten massenhaft Angestellte und Arbeiter entlassen. Am 25. Oktober 1929, dem Schwarzen Freitag, stürzten die Kurse an der New Yorker Börse ins Bodenlose und rissen die Volkswirtschaften Europas mit in die Weltwirtschaftskrise hinein. Firmen und Banken gingen in Konkurs, die Arbeitslosenzahlen stiegen sprunghaft an. Das in Darmstadt ansässige zweitgrößte deutsche Geldinstitut, die „Darmstädter und Nationalbank", stellte am 13. Juli 1931 als erste deutsche Bank ihre Zahlungen ein. Sie löste damit eine Krise der gesamten Geldwirtschaft in Deutschland aus.

Im Alltag und in der Arbeitswelt veränderte sich in den ersten zwei Jahrzehnten des 20. Jahrhunderts mehr als in den letzten hundert Jahren zuvor. Die Abschaffung der Monarchie und die Einführung der Demokratie, sozialistische und gewerkschaftliche Einflüsse, industrielle und technische Entwicklung sowie die beginnende Gleichstellung von Mann und Frau berührten die Menschen auf existentielle Weise. Dennoch standen überkommene Traditionen immer noch im krassen Gegensatz zu den modernen Ansichten vor allem der jüngeren Generation. So wurde beispielsweise auch im neuen Hessischen Volksschulgesetz von 1921 noch das „Lehrerinnen-Zölibat" aus dem 19. Jahrhundert festgeschrieben: Verheiratete Lehrerinnen durften nicht weiterarbeiten, sie wurden entlassen – ab 1921 gegen eine Abfindung. Selbstverständlich galt das auch dann, wenn eine unverheiratete Lehrerin ein Kind bekam. Für die Honoratioren dieser Zeit ein unvorstellbarer Vorgang. Die Darmstädter Schriftstellerin und Lehrerin Elisabeth Langgässer wurde Opfer dieser frauenfeindlichen Regelung. Sie wurde aus dem hessischen Schuldienst entlassen, als sie 1929 ihre uneheliche Tochter Cordelia bekam. Dies ist kaum zu glauben, gerade angesichts der Tatsache, dass Frauen inzwischen die Arbeitswelt eroberten. Die neue Berufsgruppe der weiblichen Angestellten hatte sich in Hessen von 1.799 (im Jahr 1914) auf 23.726 (1925) erhöht. An den hessischen Universitäten betrug jetzt der Anteil der Studentinnen ungefähr 14 Prozent. Außerdem hatten die Frauen mit den Wahlen zur Nationalversammlung 1918 erstmals das aktive und passive Wahlrecht erhalten. In den ersten Hessischen Landtag zogen im Februar 1919 mit Karoline Balser (DDP), Else Bierau (DVP), Else Hattemer (Zentrum), Anna Maria Rauck und Margarethe Steinhäuser (beide SPD) die ersten fünf weiblichen Abgeordneten ein. Doch die Begeisterung der Männer über diesen demokratischen Fortschritt hielt sich in Grenzen. Staatspräsident Bernhard Adelung, ein Sozialdemokrat, sprach in einem anderen Zusammenhang einmal aus, was die meisten noch lange Zeit dachten: „Die besten Frauen sind die, von denen man am wenigsten spricht."

Auch in der Kunst prallten die Gegensätze aufeinander. Beim Stichwort Kunst dachte man in Darmstadt nicht nur an Jugendstil, sondern auch an das allseits beliebte Theater. Am Darmstädter Theater hatte es seit 1905 die ersten vorsichtigen Modernisierungsversuche bei den Inszenierungen gegeben. Die neuen Intendanten wollten weg von der gewohnten naturalistischen „Guckkastenbühne". Sie holten neue Stücke in das Programm und ließen das Bühnenbild zum Teil in der neuen Stilkunst malen. Die moderne Stilbühne ist in Darmstadt vor allem mit dem Namen des Bühnenbildners Kurt Kempin verbunden. 1919 trat der Intendant Adolf Krätzer zurück, weil er sich zwischen alle Stühle gesetzt hatte. Den Avantgardisten war sein Kurs zu konservativ und den Konservativen zu avantgardistisch. Da das Hoftheater nach Abschaffung der Monarchie 1919 vom Volksstaat Hessen als Hessisches Landestheater übernommen wurde, leitete zunächst ein dreiköpfiges Direktionskollegium das Haus. Das Kollegium ging gleich zur Sache: Es inszenierte zum ersten Mal das Drama „Woyzeck" von Georg Büchner. Die Erstaufführung in der Heimatstadt des Autors ließ im Herbst 1919 die Wellen hoch schlagen. Die Presse bezeichnete sein Stück als „konzentrierten Blödsinn". Noch schärfer wurden die Auseinandersetzungen unter dem Generalintendanten Gustav Hartung ab 1920. Er revolutionierte Regie und Spielplan mit den bewusst betonten Verzerrungen und Provokationen zeitgenössischer Stücke zum Beispiel von Frank Wedekind und Klaus Mann. Das Drama „Keith“ von Kasimir Edschmid löste einen Theaterskandal aus. Hartung betonte die zeitrelevanten Bezüge der Stücke und ließ die Schauspieler die Rollen erleben und fühlen und nicht mehr wie bisher weitgehend deklamieren. Der in der Öffentlichkeit und Presse heftig geführte Streit über seine Inszenierungen ließ niemanden kalt. Das Publikum strömte in Scharen ins Darmstädter Theater. Schließlich mussten auch Hartungs Kritiker seine Erfolge anerkennen.

Durch Hartungs außergewöhnliche Arbeit wurde Darmstadt zum Mittelpunkt des süddeutschen Theaterlebens. Viele seiner Aufführungen gewannen internationale Anerkennung, und ihre Wirkung strahlte bis in die damalige deutsche Theatermetropole Berlin aus. Nachdem Hartung zwischendurch für ein paar Jahre ans Renaissancetheater Berlin gegangen war, kam er 1931 zurück nach Darmstadt. Wieder erregte das Darmstädter Theater mit seinen expressionistischen Inszenierungen deutschlandweite Aufmerksamkeit. Auch im Bereich des Musiktheaters bekam es den Ruf als eine der aktivsten und modernsten deutschen Bühnen. Mit dem aufkommenden Einfluss der Nationalsozialisten wurde der erfolgreiche Intendant Hartung immer mehr zur Zielscheibe der Rechten, die gegen ihn polemisierten und agitierten. Die sozialdemokratische Regierung unterstützte den Modernitätsanspruch des Theaters. Als bewusst republikanische und moderne Kunstförderung rief sie 1923 die Stiftung des Georg-Büchner-Preises ins Leben. Der Preis wurde (mit Ausnahme von 1933 bis 1944) bis 1950 an Künstler, Dichter, Schauspieler und Sänger vergeben, die aus Hessen stammten oder mit Hessen geistig verbunden waren. Seit 1951 ist der Büchnerpreis der wichtigste deutsche Literaturpreis.

VII. Das Dritte Reich, der Widerstand und das Inferno der Brandnacht

Im überwiegend vom Bürger- und Beamtentum geprägten Darmstadt hatten es die Nationalsozialisten leichter als in anderen Städten des deutschen Reiches, Anhänger zu gewinnen. Bei fast allen Wahlen zwischen 1924 und 1933 lag der Stimmenanteil der NSDAP in Darmstadt deutlich über dem Reichsdurchschnitt. Bei der Landtagswahl 1931 hatten 45 Prozent der Darmstädter für die NSDAP gestimmt. 1932 lag das Ergebnis bei 47 Prozent und 1933 bei 50 Prozent. Vor allem die Deutsche Volkspartei (DVP), die in Darmstadt ihre Hochburg besessen hatte, verlor ihre Wähler an die Nazis. Noch 1928 hatte die DVP fast 30 Prozent der Darmstädter Wähler hinter sich. 1931 waren es nur noch 4,9 Prozent. Die SPD bekam 1933 immerhin noch 22,9 und die KPD 7,9 Prozent der Stimmen. Im Landkreis Darmstadt gab es einige Gemeinden, in denen die SPD mehr Stimmen erhielt: Arheilgen, Erzhausen, Gräfenhausen, Griesheim, Schneppenhausen und Wixhausen. In Bickenbach, Pfungstadt, Mörfelden und Weiterstadt waren die linken Arbeiterparteien zusammen immer noch stärker als die NSDAP. In Darmstadt selbst hatten die Stadtteile mit einem hohen Arbeiteranteil (Altstadt, Bessungen, Martinsviertel) der NSDAP ebenfalls die kalte Schulter gezeigt. Dort lag ihr Stimmenanteil unter dem Durchschnitt der Gesamtstadt für die NSDAP.

Es waren vor allem die Arbeiter und die Katholiken, die sich reichsweit am resistentesten gegen die Propaganda der Nazis erwiesen. In Wahlkreisen, in denen der Katholizismus oder Industrie und Handel dominierten, konnten die Nationalsozialisten bei den Wahlen nur wenig Land gewinnen. In einigen Großstädten wie Berlin und Hamburg stellten die liberal-bürgerliche Tradition und eine Arbeiterschaft mit ihrer Treue zu SPD und KPD ein wesentliches Hindernis für Wahlerfolge über 30 Prozent dar. Die größten Wahlerfolge feierten die Nazis in landwirtschaftlich geprägten Gebieten und in Verwaltungszentren mit vielen Beamten und Angestellten, wie zum Beispiel Darmstadt, Wiesbaden, Weimar und Hannover.

Schon seit Ende der Zwanzigerjahre hatte der hessische Innenminister Wilhelm Leuschner auf Kundgebungen und im Landesparlament am Darmstädter Luisenplatz vor der faschistischen Gefahr gewarnt. Er ließ in Hessen uniformierte Aufmärsche verbieten, um den Einfluss der Nationalsozialisten zurückzudrängen. Doch es nützte nichts. 1931 verfassten führende Nazis aus Hessen-Darmstadt, allen voran der Richter Dr. Werner Best, auf dem Boxheimer Hof bei Lampertheim einen Notstandsplan für den Fall eines nationalsozialistischen Putsches. Ein Abtrünniger verriet sie. Leuschner ließ diese so genannten Boxheimer Protokolle veröffentlichen, deckte alle nötigen Beweise für die Verschwörung auf und drängte auf einen Hochverratsprozess. Vergebens: Der zuständige Oberreichsanwalt lehnte ab. Der Sozialdemokrat Leuschner wurde von diesem Zeitpunkt an von den Nazis mit noch größerem Hass verfolgt. Er bekam Morddrohungen: „... und bringen Sie in Kenntnis, dass Sie am 8. Dezember standrechtlich erschossen werden. Ich wünsche für ein baldiges Ende im Landtag, dass ich Dir den Hals abschneide. Mit Moskau schießen wir Dich am 8. Dezember im Landtag zusammen. Die Messer sind bereit zum Schlachtfest. Auf Wiedersehen im Landtag."

Die Nationalsozialisten und ihre Anhänger zettelten gezielte Schlägereien und Störungen in Veranstaltungen gegnerischer Parteien an. Gewalttätige Übergriffe auf demokratische Parteianhänger, Gewerkschafter und Bürger schüchterten diese immer mehr ein. Viele von ihnen zogen sich aus Angst um ihr Leben zurück oder wurden von den braunen Folterknechten zusammengeschlagen und ermordet. Ab März 1933 wurden etwa 3.000 Sozialdemokraten, Kommunisten, Gewerkschaftler und andere „missliebige" Personen in das für Hessen neu eingerichtete Konzentrationslager Osthofen bei Worms gebracht. In Arheilgen verzichteten die SPD-Gemeinderäte, die nach dem Wahlergebnis 8 von 15 Sitzen besetzt hätten (45,5 Prozent wählten in Arheilgen sogar noch am 5. März 1933 sozialdemokratisch!), im Mai 1933 auf ihre Mandate. Mit diesem Verzicht wurden die Wähler vor den Kopf gestoßen. Zum wiederholten Male zeigte sich, dass ihr Vertrauen in demokratische Wahlen nicht einmal den Gewählten noch ein Pfifferling wert war.

Nachdem Adolf Hitler im Januar 1933 zum Reichskanzler ernannt worden war, wurden in den folgenden Wochen und Monaten alle deutschen Länder „gleichgeschaltet". Noch am Abend der Reichstagswahl vom 5. März übernahmen die Nationalsozialisten die Macht in den Länderparlamenten. Die Demokratie wurde im Handstreich abgeschafft. In Darmstadt war es am 6. März 1933 soweit: Am frühen Morgen hissten Nazis auf dem Landtagsgebäude am Luisenplatz die Hakenkreuzfahne. Am Abend wehte sie schon an allen öffentlichen Gebäuden der Stadt. Zur gleichen Zeit kam ein Telegramm aus Berlin: NS-Reichsinnenminister Wilhelm Frick wies den hessischen Staatspräsidenten Bernhard Adelung (SPD) an, die polizeilichen Befugnisse der obersten Landesbehörde auf den als hessischen Staatskommissar eingesetzten NSDAP-Landtagsabgeordneten Heinrich Müller zu übertragen. Der 67-jährige Adelung gehorchte. Müller erhielt die Befehlsgewalt über die höchsten Polizeibeamten. Er ließ das Innenministerium besetzen und die sich dort aufhaltenden Polizeieinheiten entwaffnen. Nachdem Müllers NSDAP-Freunde die Regierung mit Bernhard Adelung

Auch die Technische Universität Darmstadt wurde 1933 „gleichgeschaltet", und mindestens 300 jüdische Wissenschaftler mussten gehen. Die Schwerpunkte der Hochschule liegen in den Natur- und Ingenieurwissenschaften und seit 1913 in der Flugtechnik. Besonders viele ihrer Absolventen arbeiteten in der Zeit des Nationalsozialismus in der Raketenforschung.

und Innenminister Wilhelm Leuschner aus dem Amt gejagt und deren Wohnungen besetzt hatten, machten sie Müller zum Reichskommissar für Hessen. Der Mitverfasser der Boxheimer Dokumente und spätere Mitorganisator der Gestapo, Werner Best, wurde Polizeichef in Hessen. Sieben Tage später verabschiedete der hessische Landtag ein Ermächtigungsgesetz, das der NS-Regierung unter dem neuen Staatspräsidenten Ferdinand Werner diktatorische Vollmachten einräumte und mit dem sich das Parlament selbst ausschaltete. Innenminister Leuschner wurde zum Rücktritt gezwungen. Ende März wurden auch der Oberbürgermeister und die Bürgermeister Darmstadts entlassen und durch NS-Gefolgsleute ersetzt. Mit den Nazis breiteten sich nun Willkür, Korruption und Bonzentum aus.

Eine eigene Gerichtsbarkeit sollte die Bevölkerung einschüchtern und Widerspruch ersticken. Am 21. März wurde für jeden Oberlandesgerichtsbezirk, so auch in Darmstadt, ein Sondergericht eingerichtet. Dieses hatte spezielle (von den Nationalsozialisten eingeführte) Straftatbestände mit maximaler Schnelligkeit abzuurteilen. Die Voruntersuchungen wurden abgeschafft und die Urteile ohne Strafaufschub und Berufungsmöglichkeit sofort vollstreckt. Das Sondergericht urteilte wie am Fließband gemäß der Verordnung zur „Abwehr heimtückischer Angriffe gegen die Regierung der nationalen Erhebung". Die meisten Urteile lauteten auf Zuchthaus-, Straflager- und Gefängnisstrafen. Oft gab es acht Jahre und mehr für Kleinigkeiten. Zum Beispiel gab es für den Spruch „Was der Führer macht, grenzt schon an Geisteskrankheit" drei Monate Haft und für „Hitler ist ein Kerl wie alle anderen und wird eines Tages seine Leute sitzen lassen" 10 Monate.

Fast täglich wurden die Schnellurteile gesprochen. Allein 373 in den Jahren 1933 und 1934. Das erste Todesurteil fiel im August 1933. In 30 Fällen verhängte das Darmstädter Sondergericht die Todesstrafe. Auch in den Tod mussten Menschen für Kleinigkeiten gehen: zum Beispiel für das Mitnehmen eines fremden Kleidungsstückes aus dem Schutt eines Hauses nach einem Fliegerangriff oder für das Hören ausländischer Radiosender. Wurde in den ersten Jahren vor allem Jagd gemacht auf die demokratischen Gegner des Regimes, so zerrte man später vorwiegend ausländische Zwangsarbeiter, Russen und Polen vor die scheinrechtlichen Sondergerichte.

Sofort nach der Machtübernahme begannen die Nazis mit der staatlich organisierten Diskriminierung der Juden. Der brutal umgesetzte Antisemitismus konnte auch in Hessen-Darmstadt an die lange und tief verwurzelte Judenfeindschaft anknüpfen. Nazi-Kampfblätter wie der „Hessenhammer" hetzten mit Schlagzeilen wie „jüdische Journaille", „jüdische Ausbeutung" und „jüdische Warenhauspest". Viele Bürger fanden es selbstverständlich, diese Blätter eifrig zu lesen und auf die Juden zu schimpfen. Die jüdische Schauspielerin Lily Palmer wohnte während ihres Engagements am Staatstheater Darmstadt 1933 bei einer sie „mütterlich umsorgenden" Zimmervermieterin, die gleichzeitig auf die Juden schimpfte und Hitler verehrte.

Von Jahr zu Jahr erschwerten die Nationalsozialisten den jüdischen Kaufleuten die normale Geschäftstätigkeit. Schrittweise zogen sie ihnen den Boden unter den Füßen weg. Sollten bei den ersten Boykottmaßnahmen gegen jüdische Geschäfte offiziell Sachbeschädigungen noch vermieden werden (woran sich nicht alle Nazi-Boykotteure hielten), um der Gesamtwirtschaft nicht zu abrupt Schaden zuzufügen, so kam es in den folgenden Jahren immer häufiger zu gewalttätigen Angriffen auf die jüdischen Geschäfte und deren Inhaber. Kunden, die bei Juden weiterhin einkaufen gingen, wurden geschmäht und beschimpft. Die ständige Verschlechterung der Geschäfte zwang die Besitzer zur Aufgabe oder zum Verkauf an Nicht-Juden weit unter dem tatsächlichen Wert vor 1933. Man kann wohl davon ausgehen, dass nicht wenige die Ausweglosigkeit der jüdischen Unternehmer und die niedrigen Preise der Notverkäufe ausnutzten. Schon bald wurden die Kaufpreise behördlich diktiert. Sie lagen selten höher als 30 bis 50 Prozent des echten Wertes und wurden anschließend auf einem deutschen Bankkonto eingefroren, über das der Verkäufer nicht frei verfügen durfte. Der Umtausch in Devisen und die Überweisung ins Ausland waren seit 1938 nicht mehr erlaubt. Der Darmstädter Möbelfabrikant Ernst Trier, der sich bis zuletzt um den Erhalt seines Familienunternehmens bemüht hatte, wurde in den Selbstmord getrieben: Nach dem Verkauf beschuldigte man ihn des Devisenvergehens und steckte ihn in das Darmstädter Untersuchungsgefängnis, wo die meist politischen Gefangenen unmenschlichen Zuständen und Misshandlungen der Wärter bis hin zum Mord ausgesetzt waren. In diesen Jahren wechselten viele der renommiertesten Einzelhandelsgeschäfte Darm-

Die Familien Hentschel und Ropertz kauften in den 1930er-Jahren das Warenhaus Rothschild am Marktplatz und ermöglichten den vorherigen jüdischen Eigentümern, mit denen sie freundschaftlich verbunden blieben, die rechtzeitige Emigration nach Südamerika.

stadts die Eigentümer: Der Warenhauskonzern Leonhard Tietz ging bereits im August 1933 auf die Westdeutsche Kaufhof-AG über. Damit war das Kaufhaus am Marktplatz „arisiert" worden. Das Textilgeschäft Herz Hachenburger Sohn in der Rheinstraße wurde 1937/38 von Schrumpf & Co. übernommen, die Möbelfirma Ernst Trier von Tritsch & Heppenheimer, das Haushalts-Porzellangeschäft Rosenthal von Torner & Zander, das Damenkonfektionshaus David Rehfeld von W&P Damenmoden und das Kaufhaus Rothschild am Marktplatz von Henschel & Ropertz. Letztere sollen einen faireren Preis als allgemein üblich gezahlt haben, mit der Familie Rothschild freundschaftlich verbunden geblieben sein und sie bei der Emigration nach Argentinien unterstützt haben. Manche Juden verkauften nur ihre Geschäfte, blieben aber zunächst noch Eigentümer ihrer Gebäude. 1938 gab es nur noch acht jüdische Geschäfte in Darmstadt. Voller Stolz berichtete die Hessische Landeszeitung am 3. Juli 1938: „Es gibt wohl wenige Städte in Deutschland, in denen gerade die Arisierung des Einzelhandels so rasch und so durchschlagend vorangeschritten ist wie in unserer Vaterstadt Darmstadt."

Tatsächlich war man in Darmstadt mehrfach vorgeprescht. Die ersten SA-Boykottaktivisten wurden am 9. März 1933 vor jüdischen Geschäften postiert. Das Hessische Landeskriminalamt ordnete bereits am 28. März 1933 die vorübergehende Schließung sämtlicher jüdischer Geschäfte mit der Begründung an, dass durch die Offenhaltung die öffentliche Ruhe und Ordnung gefährdet sei. Erst am 1. April 1933 folgte der für das ganze Reich geplante Boykott. Ab Januar 1939 wurde Juden dann endgültig im ganzen Reich der selbstständige Betrieb von Einzelhandelsläden, Versandgeschäften und Handwerksbetrieben untersagt.

Durch diese und andere massive Ausgrenzungen und die Tatsache, dass Juden durch die Nürnberger „Rassegesetze“ 1935 zu Bürgern ohne politische Rechte herabgestuft wurden, Berufs- und Kontaktverbote gesetzlich verankert wurden, war längst offensichtlich geworden, welche Ziele die Nationalsozialisten verfolgten. Dennoch war man in den jüdischen Organisationen anfangs überzeugt davon, dass Gespräche mit den NS-Regierungsstellen etwas nützen würden und man dort wieder zur Vernunft kommen würde. Der Vorstand der Frankfurter Israelitischen Gemeinde rief Anfang 1933 seine Mitglieder auf, in der Heimat Deutschland zu bleiben. Die Juden gründeten durch die staatliche Ausgrenzung gezwungenermaßen eigene Schulen, Vereine und Organisationen, wo sich ihr kulturelles Leben die nächsten Jahre zunehmend abspielte. Ende 1933 warnten die jüdischen Organisationen ihre Mitglieder dann vor „Selbsttäuschung“. Zwischen 1932 und 1940 verließen etwa 1.000 Juden ihre Heimatstadt Darmstadt. 1940 lebten noch 364 Juden hier. Auszuwandern wurde immer schwieriger. In der reichsweiten Pogromnacht am 9. November 1938 wurden auch in Darmstadt alle drei Synagogen angezündet und zerstört. 1941 wurde der aufgenähte Judenstern zur Pflicht. Im März 1942 begann man in Darmstadt mit der Deportation der Juden nach Osten in die Vernichtungslager. Der Judenreferent bei der Darmstädter Gestapo, Georg Dengler, bemühte sich unter allen möglichen Vorwänden, auch Partner und Kinder aus so genannten Mischlingsehen zu verhaften und zu deportieren. Vom Güterbahnhof Darmstadt aus wurden Juden aus ganz Hessen in die Konzentrationslager verschleppt. Im Juni 1943 wurde gemeldet, dass Darmstadt „judenrein“ sei.

Ebenso wie die Juden waren die Sinti und Roma von den nationalsozialistischen Rassenideologen zum „Fremdvolk“ erklärt und verfolgt worden. Die Sintifamilien aus Darmstadt, die überwiegend in der Altstadt wohnten, wurden von der Darmstädter Polizei aus ihren Wohnungen geholt und mit Viehwaggons in das Vernichtungslager Auschwitz-Birkenau transportiert. Genaue Zahlen sind nicht bekannt, aber die Namen von betroffenen Familien: Adam, Dreschner, Gärtner, George, Keck, Reinhardt, Weiß und viele andere.

So modern und zukunftsweisend das kulturelle Leben im Darmstadt der „goldenen Zwanzigerjahre“ war, so radikal wurde nun die Theaterarbeit Gustav Hartungs, die zeitgenössischen Ausstellungen auf der Mathildenhöhe, in der Kunsthalle und der städtischen Akademie für Tonkunst vom rechtsradikalem Spießertum bekämpft und umgepolt. Intendant Gustav Hartung, der jüdischer Abstammung war, konnte kurz vor einer Theaterprobe in letzter Minute durch ein Fenster im Kleinen Haus entkommen und wurde von dem Hauptdarsteller Kutschera auf dem Beifahrersitz von dessen Motorrad noch in der gleichen

Nacht in die Schweiz gebracht. Weniger Glück hatte der jüdische Leiter der Opernschule der Akademie für Tonkunst, Paul Ottenheimer. Er wurde ins KZ verschleppt, kurz nachdem der Komponist und Dirigent Hans Simon zum kommissarischen Leiter der Akademie ernannt und mit der Aufgabe der „NS-Gleichschaltung und Säuberung“ betraut worden war. Ottenheimer war einer der wenigen Überlebenden des KZ Theresienstadt. Er kam nach dem Krieg nach Darmstadt zurück und ist nun auf dem Friedhof am Herdweg begraben. Auf dem gleichen Friedhof, auf dem Hans Simon von der Stadt Darmstadt nach seinem Tod im Jahr 1982 ein Ehrengrab erhielt.

Soweit sich Widerstand gegen das Regime organisierte, kam er in Darmstadt fast ausschließlich aus den ehemaligen Arbeiterparteien und den Kirchen. Die Parteien waren seit 1933 verboten. Einige mutige Sozialdemokraten, Kommunisten und Gewerkschafter trafen sich weiterhin illegal, um Informationen auszutauschen, Geld zu sammeln für die Familienangehörigen von inhaftierten Genossen und im Ausland gedruckte Flugblätter zu verteilen. Im „Bräustübl“ am Hauptbahnhof traf sich die SPD-Widerstandsgruppe, zu der Ludwig Hermann, Reinhard Engel, Albert Mayer, Ludwig Metzger und Hugo Parnicke gehörten. Nach ihrer Entdeckung durch die Gestapo 1936 wurden die meisten von ihnen vom Oberlandesgericht Darmstadt zu Haftstrafen verurteilt. Die Kommunisten wurden von den Nazis besonders brutal verfolgt. Ihre Darmstädter Widerstandskreise um den Schneider Georg Fröba sowie Karl Michael Heß, Hans Fillsack, Michael Weis und Konrad Weigel wurden durch Inhaftierungen fast vollständig ausgelöscht. Georg Fröba wurde 1944 in Frankfurt hingerichtet. Nach dem Hitlerattentat am 20. Juli 1944 enttarnte die Gestapo weitere Widerstandsgruppen. In einer Verhaftungswelle wurden 70 Männer aus Darmstadt und dem Umland und 700 Männer und Frauen aus dem Rhein-Main-Gebiet wegen Hochverrats zu mehrjährigen Zuchthausstrafen verurteilt. Viele von ihnen wurden nach der Strafverbüßung in Konzentrationslager verschleppt.

Widerstand und Verfolgung in Darmstadt und Hessen sind vor allem mit den Namen des Sozialdemokraten und Gewerkschafters Wilhelm Leuschner, seiner Frau Elisabeth und der mit ihnen befreundeten Carlo Mierendorff, Ludwig Schwamb, Theodor Haubach und Lily Pringsheim verbunden. Der gelernte Holzbildhauer Leuschner hatte schon ab 1919 als Stadtverordneter und Vorsitzender der Darmstädter Gewerkschaften und später in der Regierung des Volksstaates Hessen ständig gegen die faschistischen Tendenzen gekämpft. Als Innenminister erließ er ab 1928 Versammlungs- und Aufmarschverbote für republikfeindliche Parteien, ließ Demonstrationen gegen die Nationalsozialisten zu (als sie in Wiesbaden und Kassel unter Innenminister Göring schon längst nicht mehr möglich waren), griff immer wieder in seinen Reden die Nazis und ihre Sympathisanten an und zeigte ihre republikfeindlichen Äußerungen bei der Staatsanwaltschaft an. Der Redakteur und

Politiker Carlo Mierendorff, der seit 1929 Leuschners Pressesprecher war, forderte bei seinen unermüdlichen Auftritten in Versammlungen, durch Plakate und in den Medien die Massen auf, sich für die demokratischen Freiheiten einzusetzen. Zur Wahlkampferöffnung im Februar 1933, als die NSDAP mit dem Hohenzollern-Prinzen August Wilhelm im Saalbau und die KPD in der Woogsturnhalle auftraten, demonstrierte die Sozialdemokratie im Martinsviertel und auf dem Mercksplatz. Am 19. Februar sprach Minister Leuschner vor rund 10.000 Menschen auf dem Marienplatz.

Die Darmstädter SPD-Reichstagsabgeordnete Lily Pringsheim stand ihrem Fraktionskollegen Leuschner oft zur Seite, wenn er von den Nazis im Landtag angepöbelt wurde. Als die NSDAP-Abgeordneten Jung und Hauer wieder einmal Morddrohungen gegen Leuschner ausstießen – „Erzberger ist auch abgeknallt worden! Und das mit Recht!" –, protestierte Lily Pringsheim energisch. Da rief Hauer ihr zu: „Du kommst auch noch dran!" Doch die selbstbewusste Journalistin, die Mittelpunkt eines Kreises von Künstlern und Intellektuellen war, ließ sich nicht einschüchtern. Sie unterstützte durch ausführliche Reden Anträge ihrer Fraktion und forderte bisweilen die Parlamentspräsidenten auf, gegen dieses „Benehmen" und den „Kasernenhofton" der Nationalsozialisten vorzugehen. Doch die Präsidenten wollten oder konnten schon lange nicht mehr Ruhe und Ordnung in Landtagsdebatten durchsetzen. In den vielen verzweifelten Wahlkämpfen der Jahre 1932 und 1933 wurde Pringsheim zur wild entschlossenen Kämpferin. Nicht selten zog sie zusammen mit ihrem Sohn Johannes, der – gerade erst 29-jährig – den Vorsitz der SPD in Darmstadt übernommen hatte, von einer Wahlveranstaltung zur nächsten: in Darmstadt, Bad Vilbel, Reichelsheim, Biebesheim, Crumstadt, Nieder-Modau und anderen südhessischen Orten. Sie trat als Hauptrednerin neben dem SPD-Reichstagsmitglied Rudolf Breitscheid aus Berlin oder Innenminister Leuschner auf. Nazis sprengten einige ihrer Veranstaltungen durch Pöbeleien und griffen sie brutal an. Einmal sprang Pringsheim kurzfristig für Leuschner ein. Als sie auf das für ihn vorbereitete Podest kletterte, brach es unter ihr zusammen. Es war für Leuschner angesägt worden. Dennoch hielt sie ihre Rede. Die Standhaftigkeit der wenigen Demokraten war vergeblich. Es gab einfach nicht genug von ihnen.

Nicht einmal die allgemeine Begeisterung bei der Räumung der französisch besetzten Teile Hessens führte zu einem Umdenken. Auch die Arbeitsbeschaffungsmaßnahmen der Regierung kamen nicht gegen die Versprechen der Nazis auf Arbeitsplätze an. Hitlers propagandistischer Coup, die längst vor ihm geplante Reichsautobahn als sein eigenes Werk zu verkaufen, begeisterte die Massen. Die Baustelle für das erste Autobahnteilstück zwischen Frankfurt und Darmstadt wurde mit viel Medienrummel und Jubel im September 1933 eröffnet. Da saßen Leuschner und Mierendorff bereits im Zuchthaus und wenig später im Konzentrationslager. Leuschner bis 1934, Mierendorff bis 1938. Lily

Pringsheim hatte im Sommer 1933 durch eine Warnung in letzter Minute mit ihrer jüngsten Tochter Heidi nach Prag flüchten können, von wo aus sie später nach Wien und dann in die USA emigrierte. Ihre vier älteren Kinder flohen in verschiedene Länder, der Sohn Johannes wurde bei einem Transport ins KZ auf der Flucht getötet. Pringsheim kehrte erst nach 17 Jahren im Exil wieder nach Darmstadt zurück. Kaum waren Leuschner und Mierendorff wieder in Freiheit, bauten sie sofort ein neues Widerstandsnetz auf. Leuschner war nach Berlin gegangen, wo er sich mit Mierendorff bei ihrem Freund Ludwig Schwamb traf. Sie nahmen teil an den Diskussionen des „Kreisauer Kreises" über die Gestaltung der zukünftigen Gesellschaft nach dem Attentat auf Adolf Hitler, das von dieser Gruppe vorbereitet wurde. Leuschner, der auch Kontakte zu der Widerstandsgruppe um Carl Friedrich Goerdeler pflegte, war als Vizekanzler einer nachfaschistischen Übergangsregierung vorgesehen. Doch wieder sollte alles so sinnlos sein und anders als gehofft kommen.

Am Morgen des 20. Juli 1944 war Wilhelm Leuschner ganz ruhig. Er fühlte sich relativ sicher. Er hatte einen Arzttermin, eine kleine medizinische Behandlung, nichts Ernstes. Seine neue Arbeit als Kleinfabrikant ermöglichte ihm viele Geschäftsreisen, auf denen er konspirative Kontakte aufbaute. Er konnte sich einigermaßen frei im Reich bewegen. Also nahm er seine Termine an jenem Tag wie immer wahr – an dem Tag, als Claus Graf Schenck von Stauffenberg in der Lagerbaracke des Führerhauptquartiers eine Tasche mit einer Bombe abstellte. Nach seinem Arztbesuch traf Leuschner sich mit Jakob Kaiser, dem Vertreter der Christlichen Gewerkschaften. Sein Thema in diesen Tagen war immer das gleiche: das Vorgehen nach dem Umsturz. Am Nachmittag kam die Nachricht, dass Hitler das Attentat überlebt hatte. Am Abend des nächsten Tages erschien Jakob Kaiser bei Leuschner und riet ihm unterzutauchen. Am nächsten Tag wurde Ludwig Schwamb von der Gestapo verhaftet. Eine Liste der Verschwörer war aufgetaucht und der Gestapo in die Hände gefallen. Im August begann man Leuschner steckbrieflich zu suchen. Am 16. August verriet ihn eine Nachbarin, und die Polizei holte auch ihn. Im Prozess vor dem berüchtigten Volksgerichtshof stand das Todesurteil schon vor der Verhandlung fest. Da Leuschner dies ahnte, gab er trotz schwerster Misshandlungen in der Gefängniszelle keine Namen preis. Am 29. September wurde er mit anderen Verschwörern des Attentats im Zuchthaus Berlin-Plötzensee erhängt. Ebenfalls in Plötzensee hingerichtet wurden seine Mitkämpfer aus den Darmstädter Tagen, Ludwig Schwamb und Theodor Haubach. Leuschners Freund und Weggefährte Carlo Mierendorff hatte dies nicht mehr miterlebt – er war im Dezember 1943 bei einem Fliegerangriff in Leipzig umgekommen.

Die Nationalsozialisten wussten, dass bei einer Machtergreifung in Deutschland an der Kirche kein Weg vorbei führte. Die Wahlergebnisse in der Weimarer Republik zeigten immer wieder, wie schwer Erfolge in stark katholisch geprägten Regionen für sie zu erringen waren. Also behaupteten sie unverblümt, dass christliche Werte für sie bedeutsam seien. „Christentum und Deutschtum“ sollten die „Leitsterne“ seiner Regierung sein, die eine „einträchtige Zusammenarbeit“ mit den „beiden großen christlichen Konfessionen“ ansteuern wolle, hatte der hessische Staatspräsident Ferdinand Werner im März 1933 verkündet. Damit streuten die Nazis vielen Christen Sand in die Augen, bis diese nicht mehr sahen, dass die Gewaltherrschaft mit dem christlichen Glauben unvereinbar war. Mit der katholischen Kirche kam es im Reichskonkordat vom 22. Juli 1933 zu einer vorläufigen Abgrenzung. Doch für die evangelische Kirche entpuppte sich die so genannte Zusammenarbeit als Unterwerfung. Evangelische Pfarrer hatten die „politische Neugestaltung“ als „Gottes Fügung“ begrüßt. Die neue hessische Landessynode bejahte die von der Gauleitung gewünschte „großhessische“ Kircheneinigung, aus der nach dem Ausscheren Kurhessens die im Herbst 1933 konstituierte Evangelische Kirche Nassau-Hessen wurde. Doch bald entstand innerkirchlicher Widerstand. Der erste Impuls kam von Pfarrer Martin Niemöller, dem späteren ersten Kirchenpräsidenten der Evangelischen Kirche in Hessen und Nassau in Darmstadt nach dem Krieg. Er hatte 1933 in Berlin-Dahlem den Pfarrernotbund ins Leben gerufen, aus dem ein Jahr später die Bekennende Kirche wurde. Sie wandte sich gegen die rücksichtslose „Gleichschaltung“ ihrer Kirche und gegen die Behinderung der Glaubensausübung und Jugendarbeit. Der Pfarrer wurde Wortführer der Bekennenden Kirche, und bald liefen 40 Gerichtsverfahren gegen ihn. Acht Jahre verbrachte er im Zuchthaus und in Konzentrationslagern. Als ihn ein Zuchthauspfarrer salbungsvoll fragte: „Mein Bruder, warum bist du im Gefängnis?“, antwortete Niemöller: „Mein Bruder, warum bist du nicht im Gefängnis?“ Folgender Mahnspruch von ihm aus dieser Zeit wurde später von der Friedensbewegung der Bundesrepublik oft zitiert: „Als die Nazis die Kommunisten holten, habe ich geschwiegen. Ich war ja kein Kommunist. Als sie die Sozialdemokraten einsperrten, habe ich geschwiegen. Ich war ja kein Sozialdemokrat. Als sie die Katholiken holten, habe ich nicht protestiert. Ich war ja kein Katholik. Als sie mich holten, gab es keinen mehr, der protestieren konnte.“

Einige Darmstädter Pfarrer griffen die Bewegung des Pfarrernotbundes auf und gründeten bei einem Treffen in der Johanneskirche im Dezember 1933 die Bekennende Kirche für Hessen. Zu ihren Vertretern gehörten unter anderem die Pfarrer Karl Grein in Arheilgen, Rudolf Marx in der Johannesgemeinde sowie Theodor Hickel, Otto Lenz, Friedrich Grünewald und Fritz Weiß. Innerhalb der Kirche kam es zum so genannten Kirchenkampf zwischen den Anhängern der Bekennenden Kirche und den „Deutschen Christen“, die den Nationalsozialismus begrüßten. Viele Anhänger der Bekennenden Kirche wurden bespitzelt, vom Amt suspendiert und kamen in Konzentrationslager. Der spätere Darmstädter Oberbürgermeister Ludwig Metzger war ebenfalls Mitglied der Bekennenden Kirche und vertrat als Rechtsanwalt verfolgte Pfarrer.

Im November 1934 wurde in Arheilgen Pfarrer Karl Grein aufgrund einer regimekritischen Sonntagspredigt vom Amt suspendiert. Die Arheilger protestierten empört, und 600 Gemeindemitglieder traten der Bekennenden Kirche bei. Nach vier Monaten durfte Grein wieder zurück in sein Amt. Die zweite Amtsenthebung im Juli 1935 scheiterte erneut am Widerstand der Gemeinde. Auch das Diakonissenhaus Elisabethenstift in Darmstadt geriet bald unter den Druck des Nazi-Regimes. Stiftsleiter Pfarrer Theodor Hickel zeigte sich ebenso unbeugsam gegen die Nationalsozialisten wie nach der erzwungenen Amtsaufgabe sein Nachfolger Pfarrer Otto Lenz. Sie verweigerten die „Gleichschaltung", die Hakenkreuzbeflaggung und die Teilnahme an den NS-Maifeiern. Als kaum noch eine der Darmstädter Kirchen der Bekennenden Kirche für Gottesdienste und Veranstaltungen Räume zur Verfügung stellte, war das Elisabethenstift die letzte Zuflucht. Die Nazis ließen jedoch nicht locker: 1939 wurde auch Pfarrer Lenz auf Befehl des Gauleiters seines Amtes enthoben und dem Stift ein kommissarischer Leiter aufgezwungen, der aus der Kirche ausgetreten war.

Nach dem Verlust der politischen Macht in Hessen-Darmstadt im Revolutionsjahr 1918 brachte das Jahr 1937 der von vielen Darmstädtern liebevoll verehrten großherzoglichen Familie das zweite einschneidende Erlebnis der Familiengeschichte. Erst starb Großherzog Ernst Ludwig 68-jährig in Wolfsgarten. Am 12. Oktober 1937 wurde er mit militärischen Ehren und unter großer Anteilnahme der Bevölkerung zur Beisetzung in das Mausoleum auf der Darmstädter Rosenhöhe überführt. Doch nur einen Monat später geschah ein Unglück, das die großherzogliche Familie fast völlig auslöschte und viele Hessen sehr bewegte. Die gerade zur Witwe gewordene Großherzogin Eleonore war mit ihrem Sohn, Erbgroßherzog Georg Donatus, und dessen Familie auf dem Weg zur Hochzeit des zweiten Großherzog-Sohnes nach London. Dort wollte Prinz Ludwig Lady Margaret Geddes heiraten. Doch die Familie kam in England nie an. Ihr Flugzeug konnte schon in Brüssel wegen Bodennebels nicht wie geplant zwischenlanden. Auf dem nächsten Zwischenstopp in Ostende wurden noch zwei weitere Passagiere aufgenommen. Aber auch hier behinderte dichter Bodennebel die Sicht des Piloten der dreimotorigen belgischen Maschine so stark, dass die Leuchtzeichen nur schwer zu sehen waren. Das Flugzeug stieß kurz hinter Ostende gegen einen Fabrikschornstein, die rechte Tragfläche und der Propeller wurden abgerissen, die Maschine stürzte ab und verbrannte. Eleonore, Georg Donatus, seine Frau Cäcilie und deren Kinder Ludwig und Alexander, der Freund der Familie, Freiherr Joachim von Riedesel, die Kinderbetreuerin Lina Hahn und die dreiköpfige Besatzung kamen bei diesem Absturz ums Leben. Als das glücklich wartende Brautpaar in London diese Nachricht bekam, sagte es die Hochzeitsfeierlichkeiten ab. Wenige Tage später heirateten Prinz Ludwig und Lady Geddes nur standesamtlich. Mehrere tausend Darmstädtern begleiteten an einem dunklen Novembertag bei strömendem Regen im zweiten großherzoglichen Trauerzug dieses Jahres die Verunglückten vom Fürstenbahnhof zu ihrer Grabstätte im Mausoleum auf der Rosenhöhe. Von der großherzoglichen Familie, die direkt von Philipp dem Großmütigen abstammte und über 300 Jahre lang in Darmstadt regiert hatte, waren nur der frisch vermählte Prinz Ludwig und das dritte Kind des Erbgroßherzogspaares, die erst neun Monate alte Johanna, übrig geblieben.

Im gleichen Jahr wurde Darmstadt Großstadt. Gegen erhebliche Widerstände aus der Bevölkerung der angrenzenden Orte wurden Arheilgen und Eberstadt im April 1937 eingemeindet. Damit hatte die Landeshauptstadt erstmals 110.000 Einwohnern. In Eberstadt musste erst der Bürgermeister Willi Madre wegen seines Widerstandes gegen die als „Zwangsjacke“ abgelehnten Eingemeindungspläne abgesetzt werden. Griesheim hatte sich erfolgreicher widersetzen können und blieb eigenständig.

„Rettet die Freiheit“ und „Wer Hitler wählt, wählt Krieg“, hatten die letzten Wahlplakate der SPD 1933 gemahnt. Die Kriegsprophezeiung erfüllte sich sechs Jahre später. Am 8. Juni 1940 erlebte Darmstadt seinen ersten Fliegeralarm. Es sollten noch 1.567 folgen. Die Darmstädter hofften vergebens, dass die britischen Bomber die Stadt verschonen würden – schließlich war doch die großherzogliche Familie eng mit dem Hause Windsor verwandt. Und außerdem wollten die Sieger später in einer der schönen alten Städte wohnen. Für Heidelberg sollte diese Zuversicht Realität werden, für Darmstadt nicht. Denn hier gab es beachtliche Großindustrie, und die Alliierten nahmen an, dass in der Technischen Hochschule an Hitlers „Wunderwaffe“, der V-Rakete, geforscht wurde. Britische Brand- und Sprengbomben fielen erstmals am 30. Juli 1940 auf die hessische Landeshauptstadt. Doch die verheerendste Brandnacht musste die Stadt am 11. September 1944 erleben. Die Royal Air Force wollte an Darmstadt zum ersten Mal eine neue, „effektivere“ Angriffsmethode erproben: Die ganze Stadt sollte in einem einzigen Bombenangriff angesteckt werden, nicht nur in der Mitte, sondern auch an den Stadträndern. Dieser Bombenangriff sollte zu einem grauenvollen Inferno werden.

Als die Darmstädter in dieser lauen Herbstnacht eine Stunde vor Mitternacht die Sirenentöne hörten und die „Christbäume“ der Leuchtbomben über dem Exerzierplatz heruntergehen sahen, wussten viele noch nicht, dass ihre Flucht in den Hauskeller nicht viel nützen würde. Nur wenige würden später lebend dort herauskommen. Die Menschen rannten um ihr Leben zu vermeintlich sicheren Orten. Dreißig Minuten dauerte das Bombardement mit Luftminen, Sprengbomben, Phosphorkanistern und Stabbrandbomben. Danach kamen die Ersten vorsichtig aus den Verstecken.

Ein Teil der Außenmauer der ehemaligen Stadtkapelle am Kapellplatz blieb als Ruine erhalten und dient als Mahnmal zur Erinnerung an die Opfer des Zweiten Weltkrieges. 1995 wurde die eindrucksvolle Plastik von Thomas Duttenhoefer hinzugefügt.

Doch Ströme von Phosphor hatten sich inzwischen in den Straßen verteilt, zündeten den Asphalt an, liefen in die Keller und brannten alles nieder, was auf ihrem Weg lag und stand. Ganze Häuserzeilen und Stadtteile bildeten Feuersäulen. So wie von den Bombenstrategen geplant, baute sich über der Stadt ein Hitzekamin auf. Dieser so genannte Feuersturm zog alle Dinge und Menschen in seiner Nähe durch einen ungeheuren Luftsog an und verwandelte sie in Asche. Wer inmitten dieses Infernos noch in einem Keller saß, dessen Decke nicht eingebrochen war, oder durch brennende Straßen fliehen wollte, hatte keine Chance. Spätere Schätzungen ergaben 12.300 Tote, die allein in dieser Nacht verbrannten oder erstickten. 70.000 Menschen wurden obdachlos. Viele übernachteten in den ersten Nächten in Darmstadts Grünanlagen, die nicht mehr grün, sondern deren Bäume verkohlt und der Boden schwarz von der niedergehenden Asche waren. Wer konnte, flüchtete zu Verwandten oder Bekannten aufs Land. Die Innenstadt war bis auf wenige Häuser zerstört. Am Woog und in der Soderstraße waren noch ein paar Häuser stehen geblieben. Teile des Johannesviertels und des Martinsviertels waren unversehrt. 78 Prozent der alten Residenzstadt lagen in Schutt und Asche.

Am 23. März 1945 überschritten amerikanische Truppen den Rhein. Zwei Tage später erreichten die ersten US-Panzer die Randbezirke der Darmstädter Kernstadt, die bereits von deutschen Truppen geräumt war.

Der Nazi-Oberbürgermeister Wambold floh mit einem Rot-Kreuz-Wagen aus der Stadt und nahm sich wenig später das Leben. Auch andere Funktionäre hatten sich feige auf und davon gemacht. Darmstadt konnte dank einiger mutiger Männer und Frauen ohne weiteres Blutvergießen übergeben werden. Dass sie damit immer noch ein großes Risiko eingingen, zeigten die Morde an Friedenswilligen durch fanatische Verblendete und die so genannten Werwölfe in anderen Städten wie zum Beispiel Aachen. Ungeachtet dieser Gefahr überbrachte der Metzgermeister Hans Lenhard aus Mainz-Kastel die Übergabeforderung der vor den Stadttoren wartenden US-Armee an die in Darmstadt immer noch kampfbereiten Wehrmachtssoldaten und überzeugte sie davon, dass ihr Weiterkämpfen sinnlos war. Mut zeigte auch die Darmstädterin Thea Friedrich, die die 172 Stufen auf den einsam aus den Schuttflächen herausragenden „Langen Ludwig" hochstieg und ein weißes Laken hisste. Obwohl die Amerikaner bereits am Stadtrand standen und die Kapitulationsaufforderung übergeben hatten, rissen einige widerstandswillige Soldaten die Friedensfahne wieder herunter. Stadtverwaltungsdirektor Karl Huck fuhr mit dem Fahrrad zur Wehrmachtsstellung an der Kreuzung Rhein- / Neckarstraße, um über das Einverständnis zur Übergabe zu verhandeln. Bereits wenige Stunden später rollten die Panzer in die Stadt, die um 16 Uhr offiziell übergeben wurde. Noch am gleichen Tag setzte der amerikanische Kommandant den Juristen (und Mitglied der Bekennenden Kirche) Ludwig Metzger als kommissarischen Oberbürgermeister ein. Er hatte vorher den evangelischen Pfarrer Weinberger und den katholischen Priester Michel gebeten, ihm für dieses Amt fähige und unbelastete Köpfe zu benennen.

VIII. Aus der Ruinenwüste wird das „Tor zum Weltall“

In die öde wirkende, entvölkerte Ruinenstadt kehrte zögernd das Leben zurück. Ehemalige Soldaten suchten ihre Angehörigen. Darmstädter, die sich vor dem Bombenhagel auf das Land geflüchtet hatten, und Evakuierte wollten wieder in ihre Heimatstadt. Was von der übrig geblieben war, konnte kaum noch als Stadt bezeichnet werden. Mehr als die Hälfte der Gesamtstadt einschließlich der Vororte war vollständig vernichtet, von 34.990 Wohnungen waren rund 16.000 völlig oder stark zerstört. Die Einwohnerzahl hatte sich von ehemals 115.221 auf 54.687 halbiert. Hunger, Kälte und Wohnungsnot prägten die ersten Nachkriegsjahre. Das Wegräumen der drei Millionen Kubikmeter Trümmer sollte 13 Jahre dauern.

Die Darmstädter lebten bis Ende der Vierzigerjahre in dürftigsten Verhältnissen. Sie sammelten Kräuter, Wurzeln, Beeren und Pilze im Odenwald. Vielen Menschen rettete das „Hamstern“ von Lebensmitteln bei den Bauern und teilweise Plündern von Lebensmitteltransporten das Leben. Immer wieder keimte die Gefahr von Hungerunruhen auf. Es gab keine Eier, kein Mehl, keinen Käse. Die Zuteilungen für einen männlichen Erwachsenen enthielten pro Woche rund 2.000 Gramm Brot, drei Kilogramm Kartoffeln, 200 Gramm Fleisch, 250 Gramm Nährmittel und Nudeln und 60 Gramm Butter. Oberbürgermeister Ludwig Metzger und Regierungspräsident Ludwig Bergsträsser versuchten alles Menschenmögliche, um Nahrungsmittel zu bekommen. Sie setzten durch, dass in umliegende Orte ausgelagerte Waren an die Stadt zurückgegeben wurden. Sie erreichten außerdem, dass nicht verbrauchte Lebensmittel aus den Lazarettzelten im Herrengarten von den Amerikanern nicht verbrannt, sondern verteilt wurden. Eine große Erleichterung waren die bald eintreffenden Millionen von Care-Paketen aus den USA sowie die Schulspeisungen durch die Besatzungsmacht und von amerikanischen Quäkern für alle Darmstädter Schulkinder.

Enttäuschung und Ärger löste die Entscheidung des Oberbürgermeisters Metzger aus, den Zuzug der evakuierten Einheimischen schon bald nicht mehr zuzulassen. Der Grund war die Überlastung der Stadt durch die Aufnahme der Flüchtlinge und Vertriebenen. Mehrere Jahre lang mussten viele Darmstädter in Evakuierungsunterkünften im Umland ausharren, bis sie wieder zurückkehren durften. Wer ohne Zuzugsgenehmigung nach

Darmstadt kam, dem drohte die zwangsweise Räumung, auch wenn er bei Verwandten unterkam. Nur zwei Ausnahmen wurden gestattet: Heimkehrer und Baufachleute, die dringend für den Wiederaufbau der Stadt gebraucht wurden. Dies brachte Metzger viele Unmutsäußerungen ein, wurde aber letztendlich zähneknirschend akzeptiert.

Die ersten Flüchtlingstransporte trafen ab 1946 ein. Sie kamen aus den ehemaligen deutschen Ostgebieten, aus der Tschechoslowakei, Polen, Rumänien und Ungarn. An den Übergangsstellen wurden die Transportzüge gemäß einer gesetzlichen Verordnung auf die Landkreise verteilt. Jeder Landkreis in Hessen musste wöchentlich zwischen 400 und 1.200 Ausgewiesene aufnehmen. Für das zerstörte Darmstadt eine kaum lösbare Aufgabe. Wo sollten diese Menschen wohnen? Nach Darmstadt kamen besonders viele Deutschstämmige aus Ungarn. Unter ihnen waren viele Handwerker und Bauleute, die – sobald sie einigermaßen zu Kräften gekommen waren – ihre Ärmel hochkrempelten und an den Baustellen in der Stadt mitarbeiteten. Die Stadt überließ ihnen Waldstücke südlich der Heimstättensiedlung und Baumaterial aus der Trümmeraufbereitung. Ungarndeutsche Bau- und Siedlungsgenossenschaften entstanden, Barackenlager und Hütten wichen den Siedlungen Donauland, Buchenland und St. Stephan. Bereits 1948 konnten hier 3.076 ungarndeutsche Flüchtlinge einziehen. Als Gegenleistung für das Baugelände hatte die Stadt das Recht erhalten, die Siedler in freiwilligen Arbeitsverhältnissen einzusetzen.

Die Unterbringung und Nahrungsmittelversorgung der Flüchtlinge war eine der größten Herausforderungen. Ende 1949 zählte Hessen fast eine Million neue Einwohner, die essen, wohnen und nicht frieren sollten. Da mussten die, die noch oder bereits wieder da waren, zusammenrücken. Im Durchschnitt lebten zwei Menschen in einem Raum. Familien, die mehr Platz in ihrem Haus oder ihrer Wohnung hatten, mussten Flüchtlinge aufnehmen. Darüber waren die Betroffenen kaum begeistert. Wo es nicht für die eigene Familie reichte, wollte man Fremden nicht freiwillig etwas abgeben. Die gesetzlichen Vorgaben zur Flüchtlingsunterbringung und der gleichberechtigten Behandlung der Neubürger machten jedoch jedem klar, dass Weigerung oder Böswilligkeiten gegen die Flüchtlinge geahndet würden. Deshalb, oder dennoch, ging die Integration der Hinzugekommenen insgesamt erstaunlich reibungslos vonstatten. Vielleicht, weil gerade das Zusammenwohnen dazu beitrug, dass die Einheimischen ihre vorübergehenden Mitbewohner besser verstehen lernten. Auch die rasante wirtschaftliche Entwicklung beschleunigte ihre Integration. Jeder, der arbeiten konnte, wurde gebraucht und war früher oder später willkommen. Auch von den während der Nazi-Zeit verschleppten und entrechteten Menschen blieben später etwa 1.000 in Darmstadt, vor allem Letten. Insgesamt 11.000 ehemalige Zwangsarbeiter, KZ-Häftlinge und befreite Kriegsgefangene, vor allem Polen und Russen, lebten zunächst in dem Displaced Persons Camp, das die Amerikaner im April 1945 auf dem Kasernengelände an der Ludwigshöhstraße eingerichtet hatten. Die meisten von ihnen gingen bald in ihre Heimat zurück. Viele der Zwangsarbeiter aus Osteuropa konnten jedoch auch dort nicht mehr Fuß fassen, weil sie zum Teil als „Verräter" beschimpft und verachtet wurden. Viele litten ihr Leben lang unter den körperlichen Folgen der Sklavenarbeit in Deutschland. In den ersten Nachkriegsjahren versetzten einige von ihnen die einheimische Bevölkerung in Angst und Schrecken. Manche stahlen sich (wie manche Deutsche auch), was sie zum Leben brauchten. Dabei kam es auch zu einzelnen Gewalttaten und Morden. Die alten Vorurteile der NS-Propaganda gegenüber den „Untermenschen aus dem Osten" wirkten noch nach, und die Gerüchteküche vervielfältigte die vereinzelten Überfälle zu angeblich Tausenden von Entwurzelten, die in Mordbanden raubend und mordend durch Darmstadt und den Landkreis zögen.

Die Besatzungsmächte machten sich gleich an den Aufbau einer parlamentarischen Demokratie. Sie schufen neue Bundesländer, die gegenüber der geplanten Bundesregierung ein stärkeres politisches Gewicht bekommen sollten als in der Weimarer Republik. Für die künftigen Grenzen und die Aufteilung Hessens gab es so viele verschiedene Vorschläge wie Experten. Die Amerikaner favorisierten zuerst den Vorschlag, aus Hessen-Darmstadt und Hessen-Nassau zwei Bundesländer zu machen. Darmstadt wäre dann die Hauptstadt von Hessen-Darmstadt geworden. Zum Schluss setzten sich aber die Befürworter eines vereinten Groß-Hessen durch. Einer von ihnen war der kommissarische Regierungspräsident für Südhessen in Darmstadt, Ludwig Bergsträsser. Er und andere überzeugten den amerikanischen Oberbefehlshaber General Lucius D. Clay von dem schon 1928 in Erwägung gezogenen Plan, alle hessischen Teile – von Kassel im Norden bis Erbach im Süden und Limburg im Westen bis Fulda im Osten – zusammenzufügen. Dieser Plan war vor dem Krieg am Einspruch Preußens gescheitert, das seinen kleinen Gebietsgürtel in Hessen nicht aufgeben wollte. Bei der neuen Grenzziehung musste allerdings auf Rheinhessen und einige Westerwald- Landkreise verzichtet werden, weil diese der französischen Besatzungsmacht und damit dem späteren Bundesland Rheinland-Pfalz zufielen. Am 19. September 1945 proklamierte der oberste Befehlshaber der amerikanischen Streitkräfte in Europa, Dwight D. Eisenhower, die Bildung Groß-Hessens, das bald nur noch Hessen hieß.

Die Hoffnung der Darmstädter, dass ihre Stadt Hauptstadt bleiben würde, wurde jäh enttäuscht: Am 12. Oktober 1945 wurde das weniger zerstörte Wiesbaden von der Besatzungsmacht zum Sitz der neuen Landesregierung bestimmt. Erster hessischer Ministerpräsident wurde der parteilose Professor Karl Geiler. Regierungspräsident in Darmstadt blieb der Sozialdemokrat Bergsträsser. 1946 war in Hessen das Jahr der ersten demokratischen

Wahlen seit der Weimarer Republik. Die Bevölkerung wählte im Januar die Gemeindeparlamente, Kreistage und Stadtverordnetenversammlungen und im Juni die Verfassungsberatende Landesversammlung. Am 1. Dezember wurde der erste hessische Landtag gewählt und über die neue Verfassung abgestimmt. Die SPD wurde sowohl in Hessen als auch in Darmstadt (hier erhielt sie 51 Prozent der Stimmen) die stärkste Partei.

Auf Weisung der Amerikaner sollten alle Nazis aus der Verwaltung, der Wirtschaft und Industrie entlassen werden – nicht nur hohe Funktionäre, sondern alle Mitglieder der NSDAP. Sie durften nur noch einfache Arbeiten erledigen. Jeder Einwohner musste zur Offenlegung seiner eventuellen braunen Verstrickungen einen Entnazifizierungs-Fragebogen ausfüllen. Da die Amerikaner im Juni 1945 die örtliche Kartei der NSDAP gefunden hatten, half den Nazis kein Leugnen. In 9.913 Entnazifizierungsverhandlungen wurden 1.517 von ihnen als belastet eingestuft, 179 als Hauptschuldige. Die Behörden bekamen dadurch Probleme, genügend unbelastete Verwaltungsfachleute zu finden. So meinte die Stadtregierung, nur auf ganz wenige ehemalige Parteigenossen verzichten zu können. Das führte nicht nur zu harten Auseinandersetzungen zwischen Oberbürgermeister Metzger und der Besatzungsmacht, die das nicht dulden wollte. Es hatte auch andere Konsequenzen. Der Darmstädter Polizeipräsident Georg Reibold machte seine speziellen Erfahrungen: Er berichtete von bewusstem Sabotieren seiner Anweisungen durch unbelehrbare Bedienstete. Der Mangel an Demokratieerfahrung und -bereitschaft nicht nur bei diesen Beamten führte außerdem dazu, dass er eigens folgende Dienstanweisung erlassen musste: „… Unter keinen Umständen darf es vorkommen, dass, wie in der vergangenen Zeit, einerseits der Grundsatz geprägt wird, die Polizei, Freund und Helfer des Volkes, und auf der anderen Seite der mit dem sogenannten Kasernenhofton eng verwandte Naziton angewandt wird. In den Dienstzimmern als auch von den Straßendienstbeamten erwarte ich, dass der in den vergangenen zwölf Jahren üblich gewesene schroffe Ton unter keinen Umständen angewandt wird und restlos verschwindet." Die Entnazifizierungsverfahren durch die Amerikaner endeten im Oktober 1948, das Internierungslager für Nazis wurde aufgelöst.

In den ersten Nachkriegsjahren kamen einige Darmstädter Nazis vor Gericht. Drei Monate nach dem Einmarsch der Amerikaner in Hessen fand das erste Kriegsverbrechertribunal auf deutschem Boden im Amtsgericht Darmstadt statt. Von elf Angeklagten wurden zehn durch die US-Richter schuldig gesprochen und sieben davon zum Tode verurteilt. Zehn Schläger und Anführer der Pogromnacht vom 9. November 1938 wurden 1946 zu ein- bis siebenjährigen Haftstrafen und ein Gestapo-Beamter zu fünf Jahren Arbeitslager verurteilt. Einen anderen Nazi brachte ein anonymer Anrufer zu Fall. Der ehemalige SS-Obersturmbannführer und Darmstädter Gestapo-Chef Robert Mohr lebte nach dem Krieg in Darmstadt unter falschem

Namen. 1959 wurde er verhaftet und verurteilt. Wie in vielen anderen Städten Deutschlands wurde es den meisten ehemaligen Nationalsozialisten nicht sonderlich schwer gemacht, sich schon bald wieder eine neue, nicht selten gut situierte Existenz aufzubauen. So lebten Himmlers Stabschef Karl Wolff und Hans Stark, der „Kinderschlächter von Auschwitz", sowie der ehemalige SS- und Polizeiführer Fritz Katzmann (unter falschem Namen unbehelligt bis zu seinem Tod 1957) in Darmstadt.

Der Park zwischen Odenwaldbahn und Spessartring, nach dem Krieg zu Ehren des antifaschistischen Widerstandskämpfers Georg-Fröba-Anlage benannt, wurde 1961 in August-Buxbaum-Anlage umbenannt, weil Fröba Kommunist war. Dass der Gewerkschaftsfunktionär jahrelang für die KPD im Stadtparlament saß und wegen seiner Widerstandsarbeit hingerichtet wurde, spielte anscheinend keine Rolle. Die Parkbenennung nach dem konservativen Architekten Buxbaum war für die Stadtväter anscheinend bequemer. An Fröba erinnert erst seit 1988 wieder ein kleiner Weg in der Heimstättensiedlung, dessen Straßenschild 1993 den erklärenden Zusatz „Georg Fröba, 1896 – 1944, Widerstandskämpfer" erhielt. Während so manches Verstorbenen mit zweifelhafter Vergangenheit mit einem Ehrengrab auf Darmstadts Friedhöfen gedacht wird (wie z.B. des „braunen" Komponisten Hans Simon), erhalten Menschen, die eine solche Ehre eher verdient hätten, keine Ehrengräber. Dazu gehörten bis vor kurzem beispielsweise der erste Regierungspräsident Süd-Hessens, Ludwig Bergsträsser, und der Darmstädter Wehrmachtsoffizier Karl Plagge. Plagge hatte bei seinem Einsatz im litauischen Wilna zwischen 1941 und 1944 hunderten Juden das Leben gerettet. Im Jahre 2005 ehrte ihn die Stadt mit einer offiziellen Veranstaltung – nachdem Israel ihn in der Gedenkstätte Yad Vashem bereits als „Gerechter unter den Völkern" aufgenommen hatte. Aber es gibt auch die andere Seite: Mehr als ein Dutzend Mahnmale und Gedenktafeln in der Stadt erinnern heute an die im Dritten Reich begangenen Gräueltaten. Besonders imposant ist die große Plastik am Kapellplatz an der ehemaligen Kapelle, deren Ruine als Mahnung stehenblieb. Das letzte große Mahnmalprojekt war im Jahr 2004 die Errichtung eines Glaskubus' auf dem Güterbahnhof als Gedenkort für die deportierten Juden und Sinti aus der Region.

Trotz allem Leid der jüngsten Vergangenheit und der ungewissen Zukunft hatten die Heiner die Liebe zum Theater nicht verloren. Oper und Schauspiel hatten sie über Jahrhunderte hinweg fasziniert, eigene Laienaufführungen hatten sie selbstbewusster gemacht, und als Zuschauer waren sie stolz auf die internationale Resonanz der gar nicht lange zurückliegenden modernen Inszenierungen. Ihr geliebtes Moller'sches Hoftheater war eine Ruine. Von Europas einstmals schönstem klassizistischen Theater hatten die Bomben nur die Außenwände und das Portal mit seinen imposanten Säulen stehengelassen. Jedem Darmstädter war klar: Dieses Theater, „ihr Theater", musste wieder aufgebaut werden und sollte eines Tages wieder den Glanz der Theaterwelt weit über Darmstadts Grenzen hinaus ausstrahlen. Das wäre ein kleiner Trost für die als schmählich empfundene Degradierung zur Provinzstadt gewesen. Doch bis dieser Wunschtraum in Erfüllung gehen würde (wie sie glaubten), freuten sie sich vorübergehend an den Aufführungen in der Orangerie in Bessungen. Dort fand bereits am 15. Dezember 1945 die erste Premiere statt – noch vor der Wiedereröffnung der Schulen. Es war die Zeit der Ausgangssperren ab 22.30 Uhr, als Goethes „Iphigenie auf Tauris" die Menschen in dem voll besetzten Saal für ein paar Stunden von Not und Hunger ablenkte. Die Requisiten steuerten theaterbegeisterte Darmstädter bei. Die Kostüme wurden auf geliehenen Nähmaschinen genäht. In den Fünfzigerjahren rückte das Landestheater Darmstadt unter Intendant Gustav Rudolf Sellner trotz provisorischer Bühne wieder in die vorderste Reihe der deutschen Theater. Der „Darmstädter Stil" machte von sich reden, die Abstraktion löste nun wieder die Historisierung ab, und der Bühnenbildner ließ Raumelemente durch die Luft schweben. Not kann nicht nur erfinderisch machen, sondern auch berühmt. Das Theater zeigte provozierende zeitgenössische Stücke aus dem Ausland, zum Beispiel von Thornton Wilder und Eugène Ionesco, und erlebte den ersten Theaterskandal der Bundesrepublik.

Mit der Orangerie wollten sich die Darmstädter auf die Dauer nicht abfinden. Sie gründeten den Verein „Wiederaufbaukuratorium des Hessischen Landestheaters". Er rief zu Spenden und Stiftungen auf. Zu freiwilligen Arbeitseinsätzen bei der Trümmerräumung erschienen Hunderte mit Hacke und Schaufel. Als das Land Hessen die Überdachung des Zentralbaus finanzierte und ein umfangreiches Sicherungsprogramm genehmigte, schien der Traum vom neuen alten Theater in Erfüllung zu gehen. Doch Intendant Sellner hatte andere Pläne: Er wollte die Orangerie ausbauen lassen. Die Landesbauverwaltung in Wiesbaden verfügte daher die Stilllegung der Baustelle des Hoftheaters und bewilligte den Ausbau der Orangerie. Der Verein der Theaterfreunde war empört und sammelte Unterschriften für den Erhalt des Moller-Baus. 19.000 Darmstädter unterschrieben. Lautstarke Kundgebungen folgten. Die Behörden ließen sich erweichen und verfolgten wieder den Aufbau des Großen Hauses. Architekten, Bühnenexperten, Politiker, Oberbauräte, Stadtverordnete, Kommissionsmitglieder und andere Beteiligte beschäftigten sich nun jahrzehntelang damit, unzählige Nutzungsmöglichkeiten und Aufbauentwürfe vorzulegen, zu diskutierten und zu verwerfen. 1955 fiel eine erste Entscheidung: Das Land wollte acht Millionen Mark für den Wiederaufbau der Ruine zahlen, Mehrkosten sollte die Stadt tragen. Die Theaterfreunde atmeten auf. Jetzt konnte es endlich losgehen. Doch es kam anders. Wiesbaden stellte die Stadt vor die Wahl: entweder der Ausbau der Schulen oder der Wiederaufbau des

Theaters. Das war ziemlich brisant. Eltern und Schüler hatten genug von dem Schichtunterricht, der ihnen seit Kriegsende durch die Raumnot aufgezwungen war. War es fair, eine Notlage gegen die andere auszuspielen? Die Stadt empfand dies als weitere Demütigung von Seiten Wiesbadens. Schließlich hatte Kassel längst einen Theaterneubau bewilligt bekommen. Eine gut besuchte Protestkundgebung der Theaterfreunde forderte das Theater. Wie sollten sich die Stadtväter da entscheiden? Wieder vergingen fast zwei Jahre. Sie entschieden sich für die Schulen. Die Theaterruine verfiel immer mehr.

Ständig wechselten die Lösungsvorschläge und Entwürfe. Mal sollte das Große Haus völlig abgerissen werden, mal ganz restauriert oder ein Waschbetonneubau mit dem klassizistischen Portikus kombiniert werden. Besonders vom letzten Vorschlag wandten sich die Darmstädter mit Grausen ab. In den Sechzigerjahren redeten ihnen die Architekten ein, dass das alte Gemäuer für ein technisch modernes Theater ungeeignet sei. Dann sollte es wenigstens für einen kulturellen Zweck wieder aufgebaut werden, zum Beispiel als Konzert- und Kongresshalle. Diese Idee hatte viele Befürworter und Gegner. Welche Idee auch vorgebracht und mit Entwürfen und Kostenvoranschlägen untermauert wurde: Jeweils wechselnde Befürworter und Gegner blockierten sich gegenseitig. Im Herbst 1960 wurde ein Theaterneubau an anderer Stelle projektiert und der Abriss der Ruine begann – zunächst an einem Seitengebäude. Beim ersten Hammerschlag protestierten Bürgern, Journalisten und Architektur-Professoren wütend. Die Proteste hallten durch die ganze Republik – die „Welt“, die „FAZ“ und der „Spiegel“ berichteten über Darmstadts Theater-Farce. Die „FAZ“ forderte den Denkmalschutz für das klassizistische Kulturdokument. Der Kölner Theaterwissenschaftler Professor Carl Niessen sprang den Darmstädtern bei: Der wiederhergestellte Moller-Bau sei „kunst- und theatergemäßer als die fabrikmäßigen Betonbunker, die heute für eine überzogene Theatertechnik“ gebaut würden.

Nun einigte man sich auf die Erhaltung und Nutzung als Konzert- und Kongresshalle, blieb aber bei dem Plan, ein neues Theater zwischen Marienplatz und Wilhelminenstraße zu bauen. Das neue Staatstheater, ein lang gezogener Betonbau mit Großer und Kleiner Bühne und Werkstattbühne, wurde im Oktober 1971 mit einer Uraufführung von Gaston Salvatores Drama „Büchners Tod“ eröffnet. Während das Wirtschaftswunder die Stadt erblühen ließ, verfiel das alte Theater weiter. Täglich konnten die Darmstädter mit ansehen, wie die Fassade bröckelte. Erst nach 49 Jahren begannen die Restaurierung und der Umbau des Gebäudes, das zum Leidwesen vieler weder Theater, noch Konzert-, Kongress- oder Ballettsaal werden sollte. Das endlose Hin und Her um die Nutzung hatte Land und Stadt anscheinend so mürbe werden lassen, dass sie sich auf die letztbeste Lösung einigten. Seit 1994 haben die Darmstädter mitten in der Innenstadt „Euro-

Im Wohngebiet Neu-Kranichstein am östlichen Stadtrand wohnen etwa 7.000 Menschen. Es weist die typischen sozialen Probleme der Trabantenstädte der Sechziger- und Siebzigerjahre auf.

pas schönstes Staatsarchiv“. Hinter der alten Fassade verbirgt sich jetzt ein zwölfgeschossiger Stahlbetonskelettbau mit 36 Kilometern Metallregalen voller alter Bücher, Akten und Urkunden. Lediglich ein Saal und das Vestibül wurden historisch rekonstruiert. Glücklich sind die Darmstädter damit nicht. Aber sie sagen sich heute, dass der Bau wenigstens erhalten werden konnte und schließlich irgendwie genutzt werden muss. Mit ungebrochener Begeisterung strömen sie in die Vorstellungen ihres neuen Staatstheaters. Im Gegensatz zu anderen Städten liegen die Besucherzahlen hier sehr hoch: In der Spielzeit 2004 sahen sich 50.380 Zuschauer 154 Vorstellungen an. Das entspricht einer Auslastung von 88 Prozent, die Opéraufführungen sind sogar zu 95 Prozent ausgelastet.

Überhaupt spielen Musik und Literatur in Darmstadts Geschichte bis heute eine große Rolle. Die Akademie für Tonkunst, 1871 als private Musikschule gegründet, gehört zu den ältesten Musikausbildungsstätten in Deutschland. Doch verstaubt ist ihr Renommee nicht. Wenn man über die Entwicklung der Musik nach dem Zweiten Weltkrieg redet – und zwar nicht nur über die deutsche, sondern auch über die internationale –, kommt man an Darmstadt nicht vorbei. Nach dem Krieg wurden die „Tage für Neue Musik“ ins Leben gerufen und im Jagdschloss Kranichstein die ersten „Ferienkurse für internationale Neue Musik“ abgehalten. Hier wurde mitdefiniert, wie Neue Musik nach 1945 zu klingen hatte. Wer hier spielte, galt etwas in internationalen Komponistenkreisen. Karlheinz Stockhausen, Bruno

Maderna, Luigi Nono, György Ligeti, John Cage und viele andere renommierte Komponisten kamen nach Darmstadt. Ebenso pflegten die Darmstädter ihre Beziehungen zu höchsten Kreisen der Literatur: Der zwischen 1933 und 1944 nicht vergebene Georg-Büchner-Preis wurde z.B. 1947 Anna Seghers für ihren Roman „Das siebte Kreuz“ verliehen. Der Schriftstellerverband PEN traf sich auf der Mathildenhöhe und entschied, hier seinen Sitz zu nehmen. Sein erster Generalsekretär wurde der Darmstädter Schriftsteller und Büchnerpreisträger Kasimir Edschmid. Die „Akademie für Sprache und Dichtung“, die seit 1951 den Literaturpreis vergibt, zog in das „Große Glückert-Haus“ der Künstlerkolonie auf der Mathildenhöhe und wacht seitdem von hier oben über die Reinheit der deutschen Sprache.

Den Spaß am Feiern ließen sich die Heiner zu keiner Zeit nehmen. Der Himmel war strahlend blau, als am 30. Juni 1951 das erste „Heinerfest“ auf dem Marktplatz eröffnet wurde. Das dreitägige Volksfest für die Darmstädter lockte auch viele Besucher aus dem Umland an. Als besondere Gäste wurden die evakuierten Darmstädter begrüßt, die immer noch nicht in ihre Heimatstadt zurückkehren durften. Besonderen Jubel erntete der kleine Wilfried Münster, der mit seiner Geburt drei Wochen vorher als 100.000. Heiner der Stadt den Großstadtstatus wiedergegeben hatte.

Mit Idealismus und Pragmatismus gingen die Darmstädter an den Wiederaufbau ihrer Stadt. Es galt vor allem, dem Verlust der Hauptstadtfunktion und den damit zusammenhängenden wirtschaftlichen Nachteilen entgegenzuwirken: Ansonsten drohte der Abstieg in die zweite Liga der Mittelstädte. Behörden wanderten nach Wiesbaden und Frankfurt ab. Benachbarte Gemeinden wie Groß-Gerau oder Erbach orientierten sich bereits in andere Richtungen. Darmstadt musste seine Verkehrsplanung und seine Einkaufsangebote so attraktiv gestalten, dass das Umland die Mittelpunktfunktion der Stadt wieder wahrnahm. Die Zentralfunktionen als Universitäts- und Schulstandort, Klinik- und Versorgungszentrum der gesamten Region wurden ausgebaut. Die Ansiedlung neuer Industriebetriebe auf dem ehemaligen Exerzierplatz und anderswo wurde gefördert, um Arbeitsplätze zu schaffen. Dabei setzte man ganz modern auf „rauchlose Industrie“ wie zum Beispiel Druckereien. Oberbaudirektor Peter Grund, ein gebürtiger Pfungstädter, der ab 1947 zwölf Jahre lang die entscheidenden Weichen bei der Stadtplanung stellte, betrachtete die Kriegszerstörungen als „einmalige Gelegenheit, die notwendigen städtebaulichen Eingriffe zu machen.“ So wurden Entscheidungen getroffen, die Darmstadts Gesicht veränderten und die Stadtstruktur bis heute prägen. An vielen Stellen wurden Wohnbaukomplexe aus der Erde gestampft, damit die Menschen wieder ein Dach über dem Kopf hatten.

1951 beauftragte die Stadt elf Baumeister mit dem Entwurf öffentlicher Gebäude. Von diesen „Meisterbauten“ konnten aus Geldmangel jedoch

Die alten Backsteingebäude der Hessischen Elektrizitäts AG standen nach dem Krieg lange leer. 1995 wurden sie restauriert und beleben seitdem als „Carree“ das Zentrum mit seinen Cafés, Markthallen, Ausstellungen und Kulturveranstaltungen.

nur fünf realisiert werden: das Ludwig-Georgs-Gymnasium von Max Taut, die Frauenklinik, das Ernst-Neufert-Haus in der Pützerstraße, die Georg-Büchner-Schule und die Kinderwelt in der Kittlerstraße. Straßen wurden verbreitert, der Schillerplatz am alten Gasthaus „Krone“ aufgefüllt und die Landgraf-Georg-Straße begradigt. Ein Straßenring um das Stadtzentrum sollte als Verteiler dienen, ein Nord-Süd-Durchbruch wurde mit dem Bau der Teichhaus- und Pützerstraße erreicht. In Deutschland wurde die „autogerechte Stadt“ modern: 1960 gehörte Darmstadt mit 14.000 Pkw zu den höchstmotorisierten deutschen Städten. Dem Zeitgeist folgend, wurde dem Auto viel Platz eingeräumt. Über die ästhetische und soziale Wirkung machte sich damals kaum ein Planer Gedanken. Wo es oberirdisch nicht weiterging, wurde unterirdisch Platz geschaffen. Straßentunnel kanalisieren den Verkehr und stürzen durch ihre Unübersichtlichkeit Stadtfremde in Verwirrung. Die autogerechten Straßenschneisen begünstigen die motorisierte Stadtflucht. Die Menschen wollen lieber dort wohnen, wo es grün und ruhig ist. Also ziehen vor allem Familien mit Kindern in das Umland. 1970 waren 45 Prozent aller Darmstädter Beschäftigten Pendler. Heute liegt der Anteil bei 50 Prozent. Kaum eine andere deutsche Stadt hat eine so hohe Einpendlerquote. Umgekehrt pendeln aber auch viele Darmstädter nach Frankfurt, denen die überschaubare Heinerstadt als Wohnort besser gefällt als die anonyme Bankenmetropole am Main.

Der Luisenplatz blieb lange unbeplant. Aus städtebaulicher Sicht wäre die Stelle des zerstörten Alten Palais der ideale Platz für ein neues repräsentatives Rathaus gewesen. Doch die Stadt entschied sich in den Siebzigerjahren für den Bau des Luisencenters an dieser Stelle. Der Bürgermeister sitzt heute seitwärts neben dem Konsumtempel hinter einer unscheinbaren Fassade. Dagegen residiert der Regierungspräsident der Landesregierung im ehemaligen Kanzleigebäude an der gegenüberliegenden repräsentativen Stirnseite des Luisenplatzes. Durch die Umpolung von der Beamtenstadt zum Wirtschaftsstandort veränderte sich die Zusammensetzung der Darmstädter Bevölkerung stark. Der historisch geringe Anteil der Angestellten überstieg den der Beamten, Selbstständigen und Arbeiter. 1953 herrschte in Darmstadt Hochkonjunktur. Die Arbeitsproduktivität und das Durchschnittseinkommen stiegen steil an. Das Einkommensniveau der Stadt lag über dem deutschen Durchschnittseinkommen. Bald fehlten Facharbeitskräfte für die wachsende städtische Industrie. Gastarbeiter begannen diese Lücke zu füllen. Während 1960 der Ausländeranteil bei Darmstadts Einwohnern erst zwei Prozent betrug, stieg er bis 1980 auf zehn Prozent und lag 2003 bei 16 Prozent. Die steigende Einwohnerzahl zwang die Stadt zum Bau neuer Stadtteile. Die Satellitenstädte Eberstadt-Süd und Kranichstein entstanden. Ebenso erkannte man die Notwendigkeit großer Grünanlagen: Die Stadt baute die großzügige Anlage des „Bürgerparks Nord" mit öffentlich zugänglichen Tennisplätzen, Sportplätzen und einem Schwimmbad nördlich angrenzend an das dicht besiedelte Martinsviertel. Später wurde die an den Hauptbahnhof angrenzende Weststadt erbaut, die sich zum größten Gewerbestandort der Stadt entwickelte. Mit der Sanierung und dem Umbau der alten HEAG-Hallen in den Jahren 1995 bis 1997 zum modernen Einkaufs- und Kulturzentrum „Carree" verschwand die letzte große Kriegsruine aus der Innenstadt. Dort herrscht heute in den Sommermonaten beinahe mediterranes Flair: Immer mehr Cafés am Luisenplatz und dem „Carree" stellen Tische und Stühle auf den Platz, und zwischen April und Oktober genießen hunderte Stadtbummler die Sonne und das Stadtleben.

Ein weiterer Lichtblick für Darmstadts Position als Oberzentrum war die Entscheidung der hessischen Protestanten, hier ihren Verwaltungsstandort einzurichten. Nach den jahrelangen Kämpfen zwischen der Bekennenden Kirche, den nazitreuen „Deutschen Christen" und denen, die sich lieber heraushalten wollten, setzten sich nun alle an einen Tisch und sprachen über die Vergangenheit, deren Konsequenzen und die Zukunft. Ein gemeinsamer Kirchentag im September 1947 bestätigte den Zusammenschluss verschiedener regionaler Kirchen zur „Evangelischen Kirche in Hessen und Nassau" (EKHN). Ihr erster Kirchenpräsident wurde Martin Niemöller, der bei Kriegsende aus dem KZ befreit worden war. Er hatte maßgeblich am so genannten Stuttgarter Schuldbekenntnis mitgewirkt, das im Oktober 1945 entstand und in dem die Evangelische Kirche in Deutschland ihre Mitschuld am Unheil des Nationalsozialismus betonte: „... wir klagen uns an, dass wir nicht mutiger bekannt, nicht treuer gebetet, nicht fröhlicher geglaubt und nicht brennender geliebt haben.“ Niemöller reformierte sofort die Verwaltungsstruktur der Kirche. Er schaffte das „Führerprinzip“ und damit das Amt des Bischofs ab. Niemals sollten sich die Erfahrungen des Dritten Reiches mit einer anmaßenden Amtsführung wie der des damaligen Bischofs wiederholen. Nach dem Vorbild der Bruderräte der Bekennenden Kirche wurde das „Leitende Geistliche Amt“ eingeführt, ein Gremium aus mehreren Personen. Nach einigen Provisorien zog die EKHN in ein Palaisgebäude am Paulusplatz mit Springbrunnen, Balustraden und kunstvoll geschmiedeten Gittern. Dass es sich bei diesem Gebäude um die 1906 gebaute Landesbank handelt, sieht man ihm nicht an. Nur das große Glasfenster aus dem Treppenaufgang mit der Inschrift „Bringst du Geld, so bist du fromm, bringst du was, so bist' willkomm“ überließ man lieber dem Landesmuseum.

Die Amerikaner zogen gleich nach Kriegsende etliche Wissenschaftler der Technischen Hochschule Darmstadt ab, um sie für ihre eigene Militärforschung unter Vertrag zu nehmen. Der Raketenkonstrukteur Wernher von Braun, der sich bereits in den USA befand, holte 50 deutsche Raketenspezialisten nach Fort Bliss in Texas, davon 14 von der Technischen Hochschule Darmstadt. Das Interesse der Amerikaner an ihnen war begründet. Die TH Darmstadt hatte als erste in Deutschland eine eigene Fakultät für Elektrotechnik und bereits 1913 einen Lehrstuhl für Luftschifffahrt und Flugtechnik eingerichtet. Und schon im Raketenforschungszentrum der Nazis in Peenemünde waren die Darmstädter auf allen Gebieten dominierend und in leitenden Positionen gewesen. Sie stellten dort bei der Entwicklung der V2-Rakete die Leiter der Projektabteilung, der Entwicklung, der Abnahme und Kontrolle, des Messwesens und der Materialprüfanstalt sowie leitende Statiker, Flugzeugbauer und andere. Bei der Entnazifizierung und Entlassung belasteter Wissenschaftler ging die Besatzungsmacht sehr unterschiedlich vor. Die Raketenbauer der Nazis, die noch bis kurz vor Kriegsende an der Verbesserung der Treffsicherheit und Zerstörungskraft der „Wunderwaffe“ gebastelt hatten, konnten sie gebrauchen. Anstatt im Zuchthaus arbeiteten diese nun in den Forschungseinrichtungen der US-Luftwaffe und Marine.

Die TH konnte trotz einiger zerstörter Gebäude ihren Lehrbetrieb sofort wieder aufnehmen. Der Andrang der Studenten war groß, da Darmstadt eine der ersten wiedereröffneten Universitäten war. 1.100 Studenten schrieben sich im ersten Semester ein. Zwei Jahre später tagten hier 500 Wissenschaftler aus dem In- und Ausland, zahlreiche Rektoren anderer Hochschulen und Universitäten, Vertreter aus der Verwaltung und der

Wirtschaft auf dem „Internationalen Kongress für Ingenieursausbildung“. Die Verantwortlichen für die Ausbildung der kommenden Führungskräfte erkannten – nach den Erfahrungen des technisch perfektionierten „totalen“ Krieges und im Hinblick auf künftige Risiken des Fortschritts – die Notwendigkeit des Umdenkens. Das Thema des Kongresses hieß daher „Technik als ethische und kulturelle Aufgabe“.

Während der Wirtschaftswunderjahre schienen die Deutschen nicht recht zu merken, wie stark die restaurativen Kräfte die Gesellschaft bestimmten. Erst die Nachkriegsgeneration begann sich zunehmend daran zu stoßen. Vor allem Studenten gingen auf die Straße und forderten Mitbestimmung und Demokratisierung aller gesellschaftlichen Bereiche. Sie protestierten gegen die Notstandsgesetze und die Wiederbewaffnung der Bundesrepublik. Das Motto der Studentenunruhen „Unter den Talaren der Muff von tausend Jahren“ spielte auf die konservative Professorenschaft und das gerade vergangene „Tausendjährige Reich“ an, deren Einflüsse im Universitätsbetrieb noch spürbar waren. Die Demonstrationen, Sit-Ins und Vollversammlungen verliefen in Darmstadt jedoch moderater als in Berlin oder Frankfurt. Ohne größere Auseinandersetzungen genehmigte 1969 die Technische Hochschule das anderswo heiß umkämpfte Drittel-Paritäts-Prinzip für ihren Senat, der künftig zu einem Drittel aus Studenten bestand. Allerdings wurde schon 1978 das Stimmenverhältnis wieder an die traditionelle Hierarchie angeglichen, d.h., die Professoren erhielten wieder die Mehrheit der Sitze.

Die TH, die jetzt Technische Universität heißt, genießt im Jahr 2005 soviel Freiheiten wie keine andere deutsche Universität: Das Land Hessen billigte ihr Anfang des Jahres ein Höchstmaß an Eigenverantwortung zu. Dazu gehören die Berufung von Professoren, eigene Budgetverantwortung und der Ausstieg aus der staatlich geregelten Vergabe von Studienplätzen. Es soll ein Modellversuch sein, der Spitzenforschung ermöglichen soll. Zwar fehlen den Spitzenforschern anfangs noch die Gelder, weil Bund und Länder um die Eliteförderung streiten. Doch Hessens Ministerpräsident Roland Koch erklärte, die TU Darmstadt zur modernsten Hochschule Deutschlands machen zu wollen. Auch in den Augen des renommierten Wissenschaftsrates ist sie auf dem besten Wege, die Rolle einer „Modellhochschule“ zu übernehmen, da sie schon heute einen Spitzenplatz bei den Forschungen u.a. in den Ingenieurwissenschaften, der Materialwissenschaft und der Strömungstechnik einnimmt. Die Universität kooperiert sowohl in der Forschung als auch in der Lehre eng mit anderen Wissenschaftsinstituten und der Wirtschaft. Forschungsprojekte werden zu einem großen Teil von Unternehmen und Betrieben vorgeschlagen und finanziert.

Dies und die stetig gewachsene wissenschaftliche Infrastruktur der Stadt mit ihren Fachhochschulen und großen Bibliotheken lockte nationale wie internationale Forschungseinrichtungen nach Darmstadt. Nur ein paar Beispiele: Gesellschaft für Schwerionenforschung, Europäische Organisation für Wettersatelliten und Klimaüberwachung EUMETSAT, Forschungszentrum für Informationstechnik, Fraunhofer Institut für Graphische Datenverarbeitung und für Betriebsfestigkeit, Telekom Technologiezentrum, Deutsches Kunststoffinstitut, Institut für Neue Technische Form, Design Zentrum Hessen, Institut für das Bauen mit Kunststoffen. Besonders stolz ist die „Wissenschaftsstadt" auf das European Space Operations Centre (ESOC) der europäischen Weltraumbehörde ESA, das die Stadt zum „Tor zum Weltall" macht. Im Raumflugkontrollzentrum an der Robert-Bosch-Straße werden u.a. Weltraumstationen entwickelt, Raketenflugbahnen berechnet, Missionen zu fernen Planeten gesteuert und der Flug zum Mond mit Satelliten mit Ionenantrieb geplant. Seit der Eröffnung der ESOC im Jahr 1967 wurden hier über 50 Satelliten der ESA wissenschaftlich begleitet und betreut. Das Gelingen der Mission der Raumsonde Mars Express, des Jupiter-Swing-by für die Ulysses-Mission zur Sonne, die Begegnung der Giotto-Sonde mit dem Kometen Halley und viele andere Projekte lagen in den Händen Darmstädter Wissenschaftler. Sobald sich ein ESA-Satellit von der Trägerrakete trennt, übernehmen sie die weitere Steuerung und Kontrolle. Im Januar 2005 gelang eine besonders spannende Mission: die Landung der Huygens-Sonde auf dem Saturnmond Titan.

Heute liegt Darmstadt als Wirtschaftsstandort weit vorn. Im Rahmen eines gesamtdeutschen Wirtschaftsgutachtens kam die Stadt beim Vergleich der Bruttoinlandsprodukte je Einwohner auf Rang 3 vor Hamburg und Oberbayern. Bei der Einschätzung der ökonomischen Zukunftschancen erhielt sie Platz 4 nach der Stadt München, dem Landkreis München und dem Landkreis Starnberg. Untersucht wurden dabei unter anderem die Kriterien Arbeitsmarkt, Innovation, Wohlstand und soziale Lage. Nach einer EU-Studie ist die gegenwärtig etwa 138.000-Einwohner zählende Stadt einer der stärksten Wirtschaftsräume Europas. Heute ist Darmstadt wieder das unbestrittene Oberzentrum der Region Starkenburg. Die Lage zwischen den Ballungsgebieten um Frankfurt und Mannheim und die gute Anbindung an den Straßen-, Schienen- und Luftverkehr erwies sich als sehr förderlich. Wie schon vor 4.000 Jahren – als die ersten Siedler hier begannen, an der Bergstraße Handel zu treiben – ist die Lage an überregionalen Verkehrsverbindungen eine hervorragende Voraussetzung für die Entwicklung Darmstadts geblieben.

Literaturverzeichnis (Auswahl)

ACKERMANN, KARL: *Von der Wasserburg zur Großstadt. Darmstadts Entwicklung in 900 Jahren.* Institut für Naturschutz Darmstadt, Schriftenreihe Band 7/2, 1964

BAHNSCHULTE-FRIEBE, INA / SCHMIDT, AGNES: *Luise Büchner und die frühe Frauenbewegung in Darmstadt.* Dokumentation zur Ausstellung. Luise-Büchner-Bibliothek des Deutschen Frauenrings e.V., Darmstadt, 2002

BATTENBERG, FRIEDRICH / FRANZ, ECKHART G. ET. AL.: *Darmstadts Geschichte. Fürstenresidenz und Bürgerstadt im Wandel der Jahrhunderte.* Eduard Roether Verlag Darmstadt, 1980

BAUER, GERD / BOEHNCKE, HEINER / SARKOWICZ, HANS: D*ie Geschichte Hessens: Von der Steinzeit bis zum Neubeginn nach 1945.* Eichborn Verlag, Frankfurt am Main, 2002

BEHRINGER, WOLFGANG (HRSG.): *Hexen und Hexenprozesse in Deutschland.* dtv, München, 2000

BEIER, GERHARD: *Arbeiterbewegung in Hessen.* Insel Verlag, Frankfurt am Main, 1984

BRACHER, KARL-DIETRICH: *Die Auflösung der Weimarer Republik. Eine Studie zum Problem des Machtverfalls in der Demokratie.* Droste Verlag, Düsseldorf, 1984

BRÄUNING-OKTAVIO, HERMANN: *Johann Heinrich Merck und Herder. Die Geschichte einer Freundschaft.* Darmstädter Schriften 24, Justus Liebig Verlag, Darmstadt, 1969

BUCHHOLZ, KAI / LATOCHA, RITA ET. AL. (HRSG.): *Die Lebensreform. Entwürfe zur Neugestaltung von Leben und Kunst um 1900.* Band I und II, Katalog zur gleichnamigen Ausstellung des Institutes Mathildenhöhe Darmstadt. Häusser Verlag, Darmstadt, 2001

DEPPERT, FRITZ / HÄUSSLER, CHRISTIAN: *Die Darmstädter Altstadt.* Roether Verlag, Darmstadt, 1992

DEUTSCHE FRIEDENSGESELLSCHAFT – VEREINIGTE KRIEGSDIENSTGEGNER-INNEN (DFG – VK): *Von Adelung bis Zwangsarbeit. 173 Stichworte zu Militär und Nationalsozialismus in Darmstadt.* Darmstadt, 2000

DIENST, KARL: *Kleine Geschichte der Evangelischen Kirche in Hessen-Nassau.* Verlag Evangelischer Presseverband in Hessen und Nassau e.V., Frankfurt am Main, 1992

DIERKS, MARGARETE: *Gebildet, ohne gelehrt zu sein. Essays, Berichte, Briefe von Luise Büchner.* Justus von Liebig Verlag, Darmstadt, 1991

DIERKS, MARGARETE (HRSG.): *Sie gingen voran. Vier bedeutende Darmstädter Frauen des 19.Jahrhunderts.* H.L. Schlapp Verlag, Darmstadt, o.J.

EBNER, FRITZ: *Musen wohl, doch auch Politik. Lebensbilder aus Darmstadts Vergangenheit.* Justus von Liebig Verlag, Darmstadt, 1982

EBNER, FRITZ / HEERSTRASS, DIETER ET. AL.: *Johann Heinrich Merck. Ein Leben für Freiheit und Toleranz.* Zeitdokumente. Ausstellungskatalog, Kunsthalle Darmstadt, 1991

EDSCHMID, KASIMIR: *Darmstadt hat sein ganz eigenes Gesicht.* In: Klein, Diethard H. / Müller-Roguski, Teresa: Darmstadt. Ein Lesebuch. S. 23, Husum Verlag, Husum, 1988

ENGELMANN, BERNT: *Wir Untertanen. Ein Deutsches Geschichtsbuch.* Steidl Verlag, Göttingen, 2004

FRANZ, ECKHART G. (HRSG.): *Erinnertes. Aufzeichnungen des letzten Großherzogs Ernst Ludwig von Hessen und bei Rhein.* Eduard Roether Verlag, Darmstadt, 1983

DERS.: *Juden als Darmstädter Bürger.* Eduard Roether Verlag, Darmstadt, 1984

DERS.: *Vom Hoftheater zum Haus der Geschichte.* Hessische Historische Kommission, Darmstadt, 1994

FRANZ, ECKHART G. / WAGNER, CHRISTINA: *Darmstädter Kalender, Daten zur Geschichte unserer Stadt.* Justus von Liebig Verlag, Darmstadt,1994

Fürstlich Hessen-Darmstädtische Criminal und Peinliche Gerichts-Ordnung Darmstadt. Fürstl. Hess. Hof- und Cantzley Buchdruckerei, Darmstadt, 1726

HEIDENREICH, BERND (HRSG.): *Aufklärung in Hessen. Hessische Landeszentrale für politische Bildung,* Wiesbaden, 1999

HEIN, RAINER (HRSG.): *Gartenkunst in Hessen. Spaziergänge durch historische Anlagen und Parks.* Sozietäts Verlag, Frankfurt am Main, 1998

HEINEMEYER, WALTER (HRSG.): *Das Werden Hessens. Veröffentlichungen der Historischen Kommission für Hessen 50.* Elwert Verlag, Marburg, 1986

INITIATIVE „GEDENKORT GÜTERBAHNHOF DARMSTADT" (HRSG.): *Darmstadt als Deportationsort.* Selbstverlag, Darmstadt, 2004

KULTURAMT DER STADT DARMSTADT (HRSG.): *Widerstand und Verfolgung in Darmstadt in der Zeit des Nationalsozialismus.* Begleitheft, Darmstädter Geschichtsrundgang 1933 – 1945, Arbeitsgemeinschaft Geschichte vor Ort, Darmstadt, 2004

KLOPPENBURG, HEINZ (HRSG.): *Martin Niemöller.* Festschrift zum 90. Geburtstag. Pahl-Rugenstein Verlag, Köln, 1982

KNODT, MANFRED: *Ernst Ludwig. Großherzog von Hessen und bei Rhein. Sein Leben und seine Zeit.* Schlapp Verlag, Darmstadt, 1978

DERS.: *Die Regenten von Hessen-Darmstadt.* Schlapp Verlag, Darmstadt, 1976

KOGON, EUGEN: *Wiederaufbau und Neuanfang nach 1945,* in: Schultz, Uwe (Hrsg.): Die Geschichte Hessens. Theiss Verlag, Stuttgart, 1983

KUNZ, RUDOLF: *Odenwald und Bergstraße. Ausgewählte heimatkundliche Beiträge.* Verein für Heimatgeschichte, Ober-Ramstadt, 1995

LANGE, THOMAS: *Hessen-Darmstadts Beitrag für das heutige Hessen.* Hessische Landeszentrale für politische Bildung, Wiesbaden, 1998

LANGER, INGRID: *Zwölf vergessene Frauen. Die weiblichen Abgeordneten im Parlament des Volksstaates Hessen. Ihre politische Arbeit, ihr Alltag, ihr Leben.* Dipa Verlag, Frankfurt am Main, 1989

LEITHÄUSER, JOACHIM G.: *Wilhelm Leuschner. Ein Leben für die Republik.* Bund Verlag, Köln, 1962

MAGISTRAT DER STADT DARMSTADT: *Darmstadt in der Zeit des Barock und Rokoko.* Darmstadt, 1980

MÜLLER, ADOLF: *Aus Darmstadts Vergangenheit.* Verlag Wolfgang Weidlich, Frankfurt am Main, 1979

OTT, ULRICH (HRSG.): *Elisabeth Langgässer.* Marbacher Magazin Nr. 85/1999, Deutsche Schillergesellschaft, Marbach am Neckar, 1999

RUMMENHÖLLER, PETER: *Die musikalische Vorklassik. Kulturhistorische und musikgeschichtliche Grundrisse zur Musik im 18. Jahrhundert.* dtv, München, 1983

SCHMIDT, KLAUS: *Die Brandnacht. Dokumente von der Zerstörung Darmstadts am 11. September 1944.* Reba-Verlag, Darmstadt, 1964

SCHÖN, EBERHART: *Die Entstehung des Nationalsozialismus in Hessen.* Mannheimer Sozialwissenschaftliche Studien, Band 7, Verlag Anton Hain, Meisenheim am Glan, 1972

SPRENGER, JAKOB / INSTITORIS, HEINRICH: *Malleus Maleficarum (Der Hexenhammer)* Speyer, 1486. Nachdruck im Area Verlag, Erftstadt, 2004

STÜRZ, HANS KARL: *Darmstadt. Geschichtliche Heimatkunde der Stadt und ihrer Umgebung.* Georg Westermann Verlag, Braunschweig, 1957

TECHNISCHE UNIVERSITÄT DARMSTADT (HRSG.): *Die Entwicklung der Technischen Hochschule 1836 bis 1986.* Darmstadt, 2000

UNVERRICHT, HUBERT / OEHL, KURT (HRSG.): *Musik in Darmstadt zwischen den beiden Weltkriegen.* Beiträge zur Mittelrheinischen Musikgeschichte Nr. 18, Schott, Mainz, 1980

Wer verdient die Bronzeplakette? Friedhofs-Rundgang. Darmstädter Ehrengräber: Zweifelhafte Vergangenheiten, umstrittene Entscheidungen. Darmstädter Echo, 17. Mai 2004

WIEST, EKKEHARD: *Stationen einer Residenzgesellschaft. Darmstadts soziale Entwicklung vom Wiener Kongress bis zum Zweiten Weltkrieg.* Eduard Roether Verlag, Darmstadt 1978

DERS.: *Darmstädter Bürgeratlas.* Reba Verlag, Darmstadt, 1980

WÜLLENWEBER, HANS: *Sondergerichte im Dritten Reich. Vergessene Verbrechen der Justiz.* Luchterhand, Frankfurt am Main, 1990

Buchhinweise

Frankfurt am Main.
Eine kleine Stadtgeschichte

Christian Schnee

ISBN 3-89702-712-7
12,90 € [D]

Wiesbaden.
Eine kurze Stadtgeschichte

Sibilla Friedrich-Pauly
und Detlev Huber

ISBN 3-89702-579-5
12,90 € [D]

Darmstadt

Fritz Deppert und Christian Häussler

ISBN 3-89702-023-8
14,90 € [D]